# FELIX NARJOUX

## HISTOIRE D'UNE FERME

### LIBRAIRIE CH. DELAGRAVE
15, RUE SOUFFLOT, PARIS.

# HISTOIRE
# D'UNE FERME

OUVRAGES DU MÊME AUTEUR

# LES ÉCOLES PUBLIQUES
## CONSTRUCTION ET INSTALLATION

### FRANCE ET ANGLETERRE
Un volume in-8° de 340 pages avec 154 figures intercalées dans le texte.
Deuxième édition.
### BELGIQUE ET HOLLANDE
Un volume in-8° de 270 pages avec 117 figures intercalées dans le texte.
### SUISSE
Un volume in-8 de 266 pages avec 125 figures intercalées dans le texte.
Les 3 volumes brochés, *franco :* 21 francs.
### ALLEMAGNE
En préparation.

---

# ÉCOLES PRIMAIRES
## ET SALLES D'ASILE
### CONSTRUCTION ET INSTALLATION
A L'USAGE DE MM. LES MAIRES, DÉLÉGUÉS CANTONAUX ET MEMBRES
DE L'ENSEIGNEMENT PRIMAIRE

Un volume in-12 de 260 pages avec 76 figures intercalées dans le texte. Prix : 2 fr. 50 c.

---

# ARCHITECTURE SCOLAIRE
ÉCOLES DE HAMEAUX, ÉCOLES MIXTES, ÉCOLES DE FILLES,
ÉCOLES DE GARÇONS,
GROUPES SCOLAIRES, SALLES D'ASILE, ÉCOLES PROFESSIONNELLES,
ÉCOLES NORMALES PRIMAIRES

Un volume in-4°, 72 planches gravées sur acier, accompagnées d'un texte descriptif et des détails estimatifs. Prix en carton : 75 francs.

---

Corbeil. — Typ. et stér. Crété.

# HISTOIRE
# D'UNE FERME

TEXTE ET DESSINS

PAR

FÉLIX NARJOUX

PARIS
LIBRAIRIE CH. DELAGRAVE
15, RUE SOUFFLOT, 15

1882

# HISTOIRE D'UNE FERME

## CHAPITRE PREMIER

LES CONSÉQUENCES D'UNE RENCONTRE.

— Comment ? c'est vous, Aubair !
— Charly !
— Oui, moi-même ! mais il n'y a rien d'étonnant à cela, je suis ici presque chez moi. J'habite la Nièvre, vous savez ; et je viens, en voisin, me promener à Pougues. Tandis que vous, l'éternel voyageur, l'architecte de Paris, quelle bonne fortune a pu vous conduire ici ?
— Ce n'est pas précisément une bonne fortune, tant s'en faut, mon cher ami ; c'est une maladie d'estomac qui m'oblige à obéir à mon médecin et à venir faire une saison aux eaux de Pougues.
— J'ai presque envie de remercier le médecin et la maladie ! En revanche, je vais vous chercher querelle. Comment ! vous, un ami de jeunesse, un ami de la vingtième année, vous venez dans la Nièvre, vous vous installez dans cette triste ville d'eaux, et vous ne pensez pas à moi ; vous ne me cherchez pas, vous ne vous informez pas de moi !

— Au contraire, j'ai beaucoup pensé à vous ; je me rappelais très bien que, quand nous nous sommes séparés, il y a de cela bientôt vingt ans, vous alliez habiter une propriété dans la Nièvre, pendant que moi j'allais courir le monde ; mais j'étais convaincu que vous deviez habiter près de Moulins-Engilbert. Je ne pouvais donc vous chercher aux portes de Nevers.

— C'est vrai, j'ai d'abord habité le Morvan ; mais depuis mon mariage, je me suis fixé ici dans une terre de ma femme.

— Vous êtes marié ?

— Oui, et père d'un fils, élève du lycée Louis-le-Grand, comme nous l'avons été nous-mêmes. — Où êtes-vous logé, ici ?

— Je suis arrivé hier seulement, et je suis descendu à l'hôtel du Nivernais.

— Vous allez y venir avec moi, vous ferez votre malle, ma voiture nous attend, et dans une demi-heure nous serons chez moi. Ma femme sera enchantée de vous connaître, je lui ai si souvent parlé de vous !

— Merci mille fois ! J'irai vous voir souvent, très souvent même ; mais, m'installer chez vous, non ! Si vous étiez resté célibataire, comme moi, passe encore.

— Vous voulez que j'insiste ? J'insisterai tant que vous voudrez, mais je ne céderai pas ; je vous emmènerai.

— Je suis malade ; il faut que je suive mon traitement d'une façon régulière et sérieuse.

— Tous les matins, ma voiture vous amènera à Pougues pour boire votre eau, prendre votre bain, et vous serez de retour pour l'heure du déjeuner.

— Je suis confus ; mais, vraiment, non.

— Encore ? Mais nous voici devant l'hôtel ; montez vite. Je vais vous aider. Je suis trop heureux de vous avoir retrouvé, pour vous perdre de nouveau. D'ailleurs, j'ai besoin de vos services ; il me faut un architecte. J'ai de grands travaux à exécuter; je ne savais à quel moment les commencer; mais, puisque vous êtes là, je vous consulterai et vous me guiderez de vos conseils.

— Je ne sais comment vous résister.

— Ne me résistez pas et partons.

Un instant plus tard, M. Aubair et M. de Charly quittaient Pougues, et, peu après, s'arrêtaient devant le perron d'une riche habitation qu'on appelait château dans le pays, parce que autrefois il en avait existé un sur le même emplacement.

Les présentations faites, M. Aubair fut installé dans la chambre la plus gaie; bientôt après il rejoignait son hôte, et se promenait avec lui devant le château, en attendant l'heure du dîner.

De cette terrasse on avait une vue splendide sur la vallée de la Loire. On voyait les eaux du fleuve passer sous le pont de Fourchambault, former de petits ruisseaux au milieu du grand lit de sable, puis disparaître derrière le coteau de la Berge, pour se perdre au pied de la tour de Sancerre. Au delà s'étendaient les grandes plaines du Berry, plus près, le village de Satinges, une grande ferme dépendant du château et une gaie chaumière entourée d'arbres et de fleurs. Partout des champs, des prairies, des vignes (fig. 1). Sur la grande route, couraient des voitures, passaient des troupeaux; et un train de chemin de fer faisait entendre un bruit sourd, prolongé, pendant que le sifflet de la locomotive déchirait l'air.

Nos deux amis avaient bien des choses à se dire, ils avaient hâte de se raconter ce qu'ils avaient fait depuis leur séparation.

M. de Charly, riche propriétaire, s'occupait d'agriculture; c'était un gentilhomme fermier, très expert dans les questions agricoles, mais dont la vie avait toujours eu un horizon borné; il n'avait connu ni les luttes, ni les amères déceptions.

M. Aubair, au contraire, n'avait pu parvenir à une haute situation comme architecte que par un travail pénible et constant. Son mérite était réel, cependant ; mais quel rude labeur, avant de le faire reconnaître et accepter ! Que de tristes jours il avait souvent passés ! Quelle force de volonté il lui avait fallu déployer pour conquérir sa place et la conserver ! Il s'était fatigué dans ce combat de chaque heure. Il avait besoin de calme et de repos, et était venu le chercher dans ce petit coin de la Nièvre.

Depuis un moment, M. de Charly paraissait inquiet et regardait le ciel où de gros nuages s'amoncelaient lentement.

— Voilà l'orage, dit-il tout à coup.

— Est-ce que votre récolte n'est pas toute rentrée ?

— Ce n'est pas ma récolte qui me préoccupe, c'est mon fils.

— Savez-vous où il est ?

— Il est à la ferme ; il y passe son temps pendant les vacances ; il voudra rentrer à l'heure du dîner et bravera la pluie ; nous allons le voir arriver mouillé jusqu'aux os. Tenez, voilà la pluie qui commence et la cloche du dîner qui nous appelle. Il faut rentrer.

Au moment où les deux amis franchissaient le seuil du salon, M. de Charly se retourna une dernière fois et aperçut le jeune garçon traversant à toutes jambes une allée du parc, et coupant à travers les massifs, pour abréger son chemin.

— Enfin, le voilà ! s'écria-t-il. Et son mécontentement disparut en voyant les joues rouges, le teint échauffé de l'enfant qui, tout en nage, gravissait les marches du perron.

— Dans quel état te voilà ! va vite te changer ; tu es encore en retard ! nous allons nous mettre à table.

— Un moment après, Roger faisait son entrée dans la salle à manger et était régulièrement présenté à M. Aubair. Celui-ci le trouva, bien entendu, très grand pour son âge ; il trouva qu'il ressemblait à ses parents, qu'il avait l'air intelligent, etc... Mais M. Aubair pensait au

Fig. 1. — Le château et ses environs.

dedans de lui, que cet écolier de quatorze ans, turbulent, bruyant, indiscipliné, ne contribuerait pas à rendre très agréable son séjour au château.

— Nous diras-tu maintenant, demanda M. de Charly à son fils, ce qui te fait rentrer si tard ?

— J'étais allé aux champs avec les moissonneurs ; M. Morlot avait encore une voiture de gerbes par terre ; il voulait absolument les mettre à l'abri avant l'orage. Nous n'y sommes parvenus que bien juste, et j'ai attendu pour partir qu'elle fût en sûreté.

— Tu as dû leur être d'un fameux secours !

Roger ne jugea pas à propos de répondre à cette raillerie de son père ; mais il reprit :

— Je t'annonce, pour demain, la visite de M. Morlot. Il va te demander de construire, en avant de sa grange, comme à celle des Cocques, un hangar assez grand pour pouvoir abriter un ou deux chars de gerbes ; parce que les jours d'orage, il ne peut tout de suite décharger ceux qui reviennent des champs ; et il court le risque de perdre ainsi une bonne partie de sa récolte.

M. Aubair regarda l'enfant pendant que M. de Charly lui disait :

— M. Morlot est le plus important de mes fermiers, et Roger est son confident.

— Qu'est-ce qu'il t'a encore demandé, M. Morlot ?

— Il voudrait bien une autre étable, la sienne est trop petite et en mauvais état : les tuiles glissent du toit et tombent par terre.

— C'est mauvais signe, en effet, dit M. Aubair.

— Et puis, son logement est très incommode ; le poulailler aussi : tous les poulets de sa basse-cour se perdent ; les poules vont pondre dans les champs. Les écuries sont humides, le pressoir trop petit.

— Bref, c'est une ferme à reconstruire.

— M. Morlot dit que si tu voulais lui construire une ferme neuve, il consentirait à n'importe quelle augmentation de prix de son fermage.

— Je suis tout disposé à lui donner satisfaction, et voilà M. Aubair, dont je t'ai bien souvent parlé, qui est arrivé tout exprès de Paris pour s'entendre avec toi à ce sujet.

L'enfant parut croire que son père se moquait de lui et prit un air un peu boudeur ; mais sa figure franche et ouverte, sa simplicité, la soudaineté de ses impressions, avaient frappé M. Aubair qui sentait diminuer ses préventions, et éprouvait pour Roger le commencement d'une véritable sympathie.

— Vous savez, mon cher ami, dit M. de Charly, quand, un peu plus tard, les convives se retrouvèrent au salon, que mon intention de reconstruire la ferme n'est pas une plaisanterie à l'adresse de Roger ; c'est, depuis longtemps, un projet sérieux de ma part ; votre présence va me décider à le mettre à exécution, si vous ne me refusez pas votre concours.

— Vous refuser mon concours ! Mais je n'aurai jamais eu de client avec lequel il m'aura été aussi agréable d'être en relations et que je désire autant satisfaire.

— Comme nous aurons le temps de préparer les études nécessaires, nous chercherons ensemble toutes les améliorations dont sont susceptibles les constructions rurales du pays. Je vous communiquerai mes idées ; nous les examinerons tous deux, et une fois d'accord, vous préparerez vos projets et devis, et nous commencerons nos travaux.

— Un devis ? qu'est-ce que cela ? demanda Roger.

— Ah ! mon cher ami, j'ai oublié de vous prévenir que Roger était un questionneur infatigable.

— C'est la meilleure manière de s'instruire ; et je n'en ferai jamais un reproche à personne, à un jeune garçon moins qu'à tout autre. Pour ma part, je répondrai à vos questions tant que je pourrai, dit M. Aubair, s'adressant à l'enfant.

— Répondez-y tant que vous voudrez, mon cher ami, mais que ce ne soit pas en lui disant vous.

— Je te dirai donc, mon ami Roger, qu'il y a deux espèces de devis : le devis descriptif et le devis estimatif. Le premier est le travail à l'aide duquel l'architecte prévoit la nature des matériaux à employer dans une construction, et indique la manière dont doit se faire cet emploi ; le second est le travail à l'aide duquel il évalue la dépense à laquelle donnera lieu une construction quelconque.

— On ne peut pas le savoir avant le paiement des travaux !

— Si vraiment ; on peut évaluer exactement ce que coûte un mètre cube de moellons, de pierres de taille, de briques, de bois de charpente, etc…

— Mais on ne peut pas deviner combien une maison contiendra de mètres cubes de moellons, de pierres…

— On ne le devine pas, on le calcule. Avant de commencer une construction, il est facile de se rendre compte de la quantité de matériaux nécessaires, non seulement pour les murs, mais pour la charpente, la toiture, la menuiserie, la serrurerie, etc…

— Ce doit être un travail bien long et bien compliqué.

— Pas tant qu'il semble au premier abord ; une étude plus difficile est celle du projet en lui-même. C'est là une œuvre personnelle, une création qui exige des qualités que tout architecte ne possède pas. Tu as souvent entendu dire qu'une œuvre d'art était commune et banale, n'est-ce pas? Eh bien, cela tenait à ce que son auteur manquait du sentiment dont je te parle, et tu peux comprendre tout de suite la différence qui existe entre l'architecte et l'ingénieur qui, lui, ne crée pas, et se borne, dans une construction, à se rendre exactement compte de l'épaisseur des murs, de la résistance des planchers, de la solidité des points d'appui, etc.

— Mais, en ce qui concerne l'exactitude des devis, vous me semblez, monsieur l'architecte, garder un silence prudent, dit en riant M. de Charly.

— C'est que j'aurais là, mon cher ami, à combattre un gros préjugé répandu dans le public. Ce bon public, qui n'y regarde pas de si près, qui ne va guère au fond des choses, prend, le plus souvent, pour architecte, le premier bâtisseur ignorant venu ; et quand, par la suite, le résultat ne répond pas à son attente, il enveloppe tous les architectes dans son ressentiment et les rend responsables des excédants de dépenses constatés après l'achèvement de ses travaux.

Or, à très peu d'exceptions près, ces excédants de dépenses proviennent de modifications, plus ou moins heureuses, que le propriétaire a voulu introduire dans le projet primitif. Après avoir désiré une maison où tout devait être établi sur le pied de la plus stricte économie, il veut agrandir et décorer sa demeure ; il écoute tous les conseils qui lui sont prodigués, à droite et à gauche, par ses parents et amis ; il fait ajouter un étage, une aile ou deux ; surélève le toit pour donner à une simple habitation de campagne, l'aspect d'un château. Il s'étonne ensuite naïvement que le chiffre des sommes dépensées excède de beaucoup ses prévisions.

— Je prends, mon cher ami, l'engagement de vous éviter tout ennui de ce genre.

— J'en suis convaincu. Malheureusement tous les propriétaires ne vous ressemblent pas. Le plus souvent, ils se piquent de savoir, mieux que nous, notre métier, et nous obligent à nous plier à leurs exigences les plus déraisonnables.

Quand un pauvre architecte a été forcé, après coup, de remanier ses plans, de changer la destination de ses pièces, de remplacer par d'autres les matériaux choisis d'abord, à quoi voulez-vous qu'il arrive, si ce n'est à créer une œuvre défectueuse, ne satisfaisant pas plus son auteur que celui à qui elle est destinée et n'atteignant pas le but qu'on s'était proposé ?

— Et on met la faute sur le compte de l'architecte ? dit madame de Charly, en riant.

— Naturellement. Aussi les erreurs dont on l'accuse sont passées à l'état de légende. Une des plus jolies et des plus connues est certainement celle de la maison sans escalier.

— Sans escalier ! exclama Roger.

— Oui. En étudiant le projet d'une maison qu'il était chargé de construire, dit M. Aubair, l'architecte en question avait placé son escalier dans une tourelle en saillie. Cette saillie déplut au propriétaire qui voulut la faire supprimer. Il s'y prit peu poliment, sans doute, pour exprimer ses désirs ; l'architecte n'était pas endurant, il se fâcha et laissa le propriétaire se débrouiller comme il le pourrait. Celui-ci n'hésita pas : il voulut diriger lui-même ses travaux, commença par supprimer la saillie qui le gênait et termina sa maison sans s'apercevoir qu'il avait oublié de réserver l'emplacement nécessaire à l'escalier. Le résultat se devine !

— Une maison pour les oiseaux, alors, dit Roger, que ce récit avait fort amusé.

— Je ne donne cette histoire que comme une légende ; mais en voici une qui m'est personnelle :

J'étais alors l'architecte du baron de X, l'un des plus riches financiers d'Europe. Je lui avais fait construire une habitation sur les bords du lac de Genève ; les travaux étaient presque achevés (Dieu sait au prix de quels ennuis et de quelles tracasseries), quand on annonça que la reine de Naples, alors entourée de tout le prestige de la beauté et du malheur, venait rendre visite à mon client.

Le jour même de son arrivée, la reine parcourut les jardins et la villa et demanda à voir les parties dont la décoration n'était pas encore terminée.

J'étais là ; je fus présenté à Sa Majesté que j'avais vue souvent autrefois quand elle habitait Rome et que, habillée en matelot, elle venait se baigner à Civita. Sa Majesté me demanda diverses explications. Je m'apprêtais à lui répondre, quand le baron prit la parole, se mit à parler avec abondance, répétant sans cesse : « J'ai fait ceci, j'ai fait cela » tant et si bien que la reine commença à sourire et s'adressant à moi :

« — Eh bien ! et vous, monsieur l'architecte, dit-elle, qu'avez-vous donc fait ?

« — Moi, madame, j'ai fait tout ce qui est mauvais ; le baron, lui, est l'auteur de tout ce qui est bien. »

— Vous étiez vengé, dit madame de Charly. Et tout le monde se mit à rire.

— Mais, reprit l'architecte, s'adressant de nouveau à Roger, il ne s'agit, pour l'instant, ni de villa, ni de château ; nous avons à nous occuper d'une ferme, et tu nous as dit, je crois, que M. Morlot t'avait parlé d'une grange qu'il voulait prendre pour modèle ; sais-tu où elle est ?

— C'est celle des Cocques, répliqua le jeune garçon ; elle est de l'autre côté du Montagnot.

— Eh bien, mon ami, si ton père y consent, demain nous nous y rendrons ensemble. Je voudrais visiter quelques exploitations rurales des environs, me rendre compte des habitudes du pays, et étudier la meilleure manière de leur donner satisfaction.

— Vous ne trouverez pas, dans le voisinage, dit M. de Charly, une seule ferme qu'on puisse, dans son ensemble, prendre pour modèle ; mais en revanche, plusieurs possèdent des parties utiles à connaître.

— Commençons par la ferme des Cocques; Roger m'y conduira demain.

— Je serai de l'expédition. Nous irons d'abord à Pougues vous faire prendre votre bain et boire votre verre d'eau, et nous reviendrons par les Cocques où nous demanderons à déjeuner à la fermière.

# CHAPITRE II

### LA GRANGE DES COCQUES.

Le lendemain, Roger était debout dès l'aube et attendait avec impatience l'heure du départ ; il était assis à côté du cocher, les rênes levées, tout prêt à rendre la main.

L'orage de la veille avait donné aux prés une fraîcheur nouvelle ; on respirait avec délices l'air pur du matin tout chargé des fortes émanations et des senteurs des bois.

— Ce pays est superbe, dit M. Aubair, en promenant ses regards sur le panorama qui se déroulait devant lui, s'élargissant de moment en moment et prenant de nouveaux aspects à chaque détour du chemin. Et puis quelle richesse ! Ici des champs de blé, là des coteaux couverts de vigne, là-bas des prairies.

— Eh bien, mon ami, c'est précisément cette richesse qui va compliquer votre tâche. Ordinairement, un établissement agricole n'est destiné qu'à l'exploitation presque exclusive d'une seule sorte de *produits*. Tantôt la contrée abonde en prairies : on y élève par conséquent bœufs, vaches et chevaux. La ferme alors se compose d'écuries, d'étables et de greniers à fourrage. Tantôt on y récolte des céréales, et la place importante est réservée aux granges. Tantôt, enfin, le pays est consacré à la culture de la vigne ; les pressoirs, cuves et caves doivent y tenir le premier rang.

Ici, nous avons de tout cela ; il faut donc que la ferme réponde, par ses dispositions, aux besoins qu'entraîne la diversité des productions du pays. Et il nous faudra tenir compte de cette condition particulière en multipliant les services de notre ferme afin de nous donner granges, pressoirs, étables et greniers à fourrages.

Cette réflexion avait naturellement ramené l'entretien sur la ferme future.

— Est-ce que vous allez la faire bâtir au même endroit que l'ancienne ? demanda Roger du haut de son siège.

— Non, lui répondit son père ; d'abord des constructions de cette importance ne s'élèvent pas du jour au lendemain, et il y aura avantage, puisque la chose est possible, à conserver les anciens bâtiments jusqu'à ce que les autres soient en état de servir. De plus, la ferme actuelle n'est pas bien située. Nous placerons l'autre un peu plus bas, dans cette grande pièce de terre, le plateau du Grand-Chêne, que nous voyons d'ici vers le chemin de Chaulgnes. De cette manière, elle sera plus facilement pourvue d'eau, plus rapprochée de la route et moins exposée au vent du nord.

On arriva bientôt à Pougues ; et dès que M. Aubair fut libre, on se remit en route pour la ferme des Cocques que l'on atteignit sans encombres et où l'on fut reçu par le fermier avec de vives démonstrations de joie.

La grange qu'on venait visiter était un grand bâtiment dont les murs en moellons apparents, la couverture en tuiles rouges, se détachaient vigoureusement sur le fond vert de la campagne.

Nos visiteurs se mirent en devoir de l'examiner dans ses moindres détails, en compagnie du fermier, pendant que la fermière s'occupait des préparatifs du déjeuner.

La façade principale était percée de trois portes (fig. 2) répondant à trois divisions intérieures. Celle du milieu s'ouvrait sur l'aire dont il sera question plus loin; celle de droite et celle de gauche donnaient passage aux chars remplis de gerbes : ceux-ci traversaient le bâtiment et sortaient, après avoir été déchargés, par des portes semblables ouvertes dans la façade opposée.

— Vous voyez tout de suite les avantages d'une grange ainsi disposée, dit M. de Charly en s'adressant à l'architecte. Une grange n'est pas seulement un bâtiment destiné à battre le grain et la paille et à les

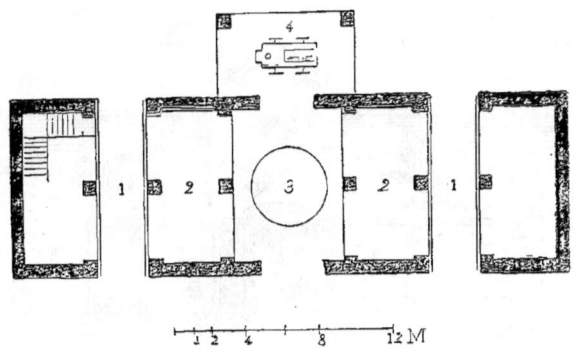

Fig. 2. — Plan de la grange des Cocques.

1. Entrées.  
2. Dépôts des gerbes.  
3. Aire.  
4. Machine à vapeur.

emmagasiner, il faut aussi qu'elle puisse donner abri aux voitures chargées de gerbes, quand elles arrivent des champs. Souvent, au moment de la moisson, éclatent de violents orages qui compromettent, en quelques heures, le travail et l'espoir de toute une année. Qu'arrive-t-il si l'on ne possède pas une grange bien aménagée? Précisément ce que M. Morlot craignait hier pour sa récolte : les gerbes sont inondées, soit sur les voitures, soit pendant qu'on les décharge, et la pluie fait perdre aux épis une partie de leurs grains. De plus, si l'on rentre le grain dans cet état, il court risque de fermenter; si on le laisse exposé aux intempéries, c'est pis encore. Il est donc de toute nécessité que les voitures, en arrivant à la ferme, trouvent un abri sûr, vaste, d'un abord facile (fig. 3). Vous voyez que cette précaution n'a pas été négligée ici. En cas de mauvais temps, les voitures peuvent demeurer à couvert sous les deux passages.

— Et je vous réponds que ça nous a rendu, plus d'une fois, de fiers services, dit le fermier.

— Il faut aussi, poursuivit M. de Charly, que les gerbes destinées à former des meules, des *cachons*, comme on dit ici, puissent être mises

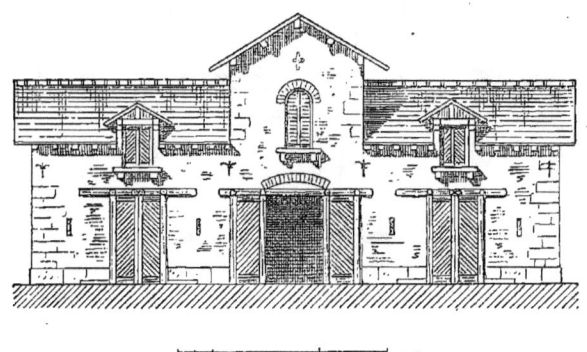

Fig. 3. — Façade de la grange des Cocques.

provisoirement à l'abri, car on n'a pas toujours le temps de dresser immédiatement les cachons. C'est pour cela que la grange doit avoir de grandes dimensions.

— Oh ! la nôtre est assez grande pour cela, dit encore le fermier.

La porte du milieu de la grange donnait sur l'aire, c'est-à-dire sur l'emplacement occupé par la machine à battre, au milieu de la construction.

Au moyen d'une large baie ouverte dans le mur du fond, l'aire communiquait directement avec un hangar (fig. 4) sous lequel était établie la locomobile ou machine à vapeur qui mettait en mouvement la machine à battre. Cette locomobile se trouvait ainsi isolée de la grange, et les dangers d'incendie étaient diminués d'autant.

La machine était en mouvement lorsque nos visiteurs arrivèrent. Roger prit grand plaisir à la regarder fonctionner. Il n'en avait encore vu aucune marchant à la vapeur : celle de M. Morlot était mise en mouvement par un cheval. La ferme actuelle était trop vieille et en trop mauvais état, pour que M. de Charly voulût y faire une installation coûteuse ; il la réservait pour ses nouvelles constructions.

Tout, dans la grange des Cocques, avait été aménagé avec le plus

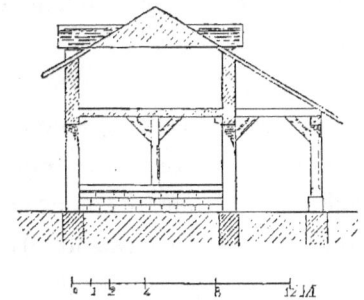

Fig. 4. — Coupe transversale de la grange des Cocques.

grand soin. Les batteurs prenaient, l'une après l'autre, les gerbes que les voitures avaient disposées sur les planchers latéraux ou banquettes, et les plaçaient sous la machine. Celle-ci avait bientôt fait de dépouiller les épis et d'envoyer la paille d'un côté, pendant que le grain, tout vanné, glissait dans de grands sacs de toile, et se trouvait prêt à être porté au marché ou monté au grenier.

— Est-ce que vous ferez aussi placer la machine à battre au milieu de la grange dans la ferme neuve? demanda Roger à son père.

— Certainement, car l'installation actuelle est très mauvaise ; mais, dans les vieux bâtiments dont nous disposions, il n'y avait pas moyen de faire mieux, et, comme tu le sais, c'est pour ce motif que je n'ai pas encore acheté de machine à vapeur et que je me contente d'une vieille machine qui cependant est un progrès sur les anciens moyens en usage.

— Comment donc battait-on le blé autrefois, si on ne se servait pas de machines ?

— On étendait les gerbes au milieu de la grange, sur l'aire qui maintenant est occupée par la machine. Cette aire était formée de planches ou de terre durcie ; puis un ou plusieurs hommes, armés de fléaux, sortes d'instruments composés de deux pièces de bois d'inégale longueur liées par une lanière de cuir, frappaient sur les épis à coups redoublés, et en faisaient ainsi sortir le grain.

— Mais ce devait être très long et très fatigant ; sans compter qu'on devait perdre ainsi une quantité considérable de grain.

— Aussi cette manière de battre n'est-elle plus guère en usage que chez les paysans propriétaires d'une très modeste exploitation.

— Thomas, le nouveau valet de ferme de M. Morlot, me disait hier que, dans son pays, en Provence, on faisait piétiner les épis par des chevaux, pour en retirer le grain.

— Cette manière de procéder, appelée le dépiquage, est employée en certains pays, la Provence, la Hongrie par exemple. En Provence, l'aire est alors établie au dehors ; elle a la forme d'une vaste circonférence. On y étale les gerbes. Un homme se place au centre et, armé d'un long fouet, il excite et fait galoper sur ces gerbes des petits chevaux de la Camargue. Il les anime de la voix et enroule les rênes autour de son bras. Le grain sorti de l'épi est ramassé et vanné pour le débarrasser des débris de paille et de la poussière.

— Cela peut s'appeler un moyen primitif, fit Roger.

— Il est certain, dit en souriant M. de Charly, que la machine à battre est préférable.

Au-dessus de chacune des portes de la grange, se voyait une ouverture munie de volets et donnant dans le comble, c'est-à-dire dans la partie du bâtiment située immédiatement sous le toit. En haut de ces ouvertures étaient fixées des poulies servant à hisser jusque là les charges trop lourdes qu'on voulait loger dans les greniers.

Fig. 5. — L'escalier en échelle de meunier.

La grange était pourvue de deux escaliers (fig. 5) en échelle de meunier placés à chacune de ses extrémités, de façon à éviter de rendre trop fréquentes des allées et venues fatigantes. L'un de ces escaliers desservait le grenier à paille.

— La paille est à la libre disposition de mes garçons, dit le fermier.

Ils en ont un besoin constant pour la litière et pour la nourriture des animaux ; aussi, vous le voyez, la porte de ce grenier n'est pas même fermée.

Mais il n'en est pas de même du grain ; c'est une denrée d'une grande valeur dont la conservation exige beaucoup de soins ; aussi personne ne pénètre sans moi dans le grenier qui la contient, et pas une mesure ne peut en sortir sans ma permission. Moi seul ai la clef de la porte.

En parlant ainsi, le fermier introduisit M. de Charly et ses compagnons dans une pièce obscure dont le plancher disparaissait sous une couche de blé.

— Voyez, leur dit-il, comme ce grenier est clos. Le grain, ici, est

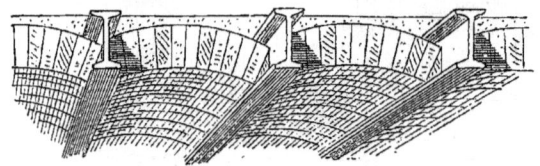

Fig. 6. — Détail de la construction d'un plancher.

à l'abri, de la chaleur aussi bien que de l'humidité ; toutes deux sont également à redouter pour lui : l'humidité, parce qu'elle le fait germer ; la chaleur parce qu'elle développe la production des insectes nuisibles. Et puis, ajouta-t-il en débarrassant une partie du plancher, regardez ce plancher ; il est autrement résistant dans cette partie de la grange que dans l'autre.

— Oui, dit M. Aubair, je l'ai vu en dessous : il est établi avec des fers à T (fig. 6) (solives de fer) dont les intervalles sont remplis de petites voûtes en briques et plâtre ; le soin avec lequel il est construit lui permet de supporter les plus lourdes charges, tandis que le plancher du grenier à paille est en simples solives de bois recouvertes de planches.

— Eh bien ! maintenant regardez en haut, reprit le fermier, en désignant les rampants, les parties inclinées du toit, et en faisant remarquer qu'ils étaient plafonnés intérieurement ; est-ce fait avec assez de soin ? Il n'y a pas danger que la neige ou la poussière s'introduisent à travers les interstices des tuiles.

Voyez aussi ces doubles portes, ces lucarnes munies de contre-vents et de treillis à mailles si serrées, qu'il n'y passerait pas seulement une mouche. La souris qui parviendrait à s'introduire ici serait bien habile.

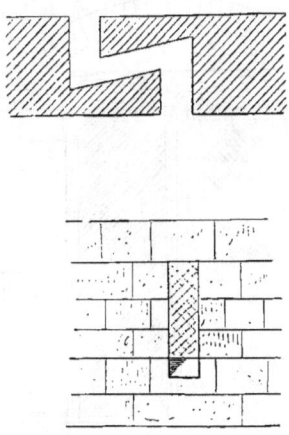

Fig. 7. — Barbacanes des murs.

— Voici cependant des trous (fig. 7), dit Roger, en désignant de petites ouvertures pratiquées dans la muraille et fermées, elles aussi, par un grillage en fer.

— Ceux-ci sont indispensables, mon ami, dit M. Aubair, ce sont des barbacanes, orifices des conduits de ventilation, laissés dans la muraille pour permettre à l'air de se renouveler.

— Et encore, dit le fermier, ils ne traversent pas les murs en ligne droite ; ils forment une ligne brisée, comme disait l'architecte qui a construit la grange ; afin que, si quelque méchant gars, comme, par malheur, il s'en voit quelquefois, voulait mettre le feu chez nous, ces ouvertures ne viennent pas l'aider dans son vilain ouvrage.

— Mon père, regardez donc la manière dont sont faites les portes, s'écria Roger lorsqu'on fut redescendu dans la cour, je n'en ai jamais vu de semblables (fig. 8).

Ces portes, en effet, au lieu de tourner sur des gonds, à la manière

Fig. 8. — Portes de la grange des Cocques.

habituelle, étaient suspendues et glissaient sur des barres de fer scellées le long de la muraille, au-dessus de la porte. Grâce à des galets ou grosses roulettes de fer qui garnissaient les parties supérieures des vantaux, cette opération s'accomplissait avec la plus grande facilité.

— Vous nous ferez des portes comme celle-là à la ferme neuve, n'est-ce pas, monsieur, dit le jeune garçon ; c'est très amusant.

En parlant ainsi, l'enfant faisait aller et venir la porte.

— Être amusant, répliqua l'architecte en riant, ne serait pas une raison suffisante.

Heureusement, il y en a une autre qui nous permettra de te contenter : c'est que ces portes sont excessivement commodes, et ne demandent pas grande place pour les manœuvrer. Or, le devant d'une grange doit toujours rester libre ; puis les grandes portes roulant sur des gonds offrent au vent une prise trop facile qui les fait battre et souvent les brise.

Cette grange, du reste, est très bien conçue et rien ne nous empêche de la prendre pour modèle de celle que nous avons à construire.

Pendant cette visite, on s'était occupé des préparatifs du déjeuner. La cour et la maison avaient longtemps retenti des cris d'un malheureux poulet qui devait jouer le principal rôle dans le festin ; maintenant, on n'entendait plus que la voix de la fermière gourmandant ses servantes. La poêle en main, le sourire aux lèvres, elle attendait ses convives à la porte de la vaste pièce qui servait à la fois de cuisine, de salon et de salle à manger.

## CHAPITRE III

DU PROFIT QUE RETIRÈRENT M. AUBAIR ET ROGER DE S'ÊTRE MIS
A L'ABRI PENDANT UN ORAGE.

Au moment où M. de Charly se disposait à quitter la ferme des Cocques avec ses compagnons, on vint le prévenir du château, que son notaire, attendu depuis plusieurs jours, venait d'y arriver pour l'entretenir d'une affaire importante. Il rentra donc directement, laissant M. Aubair continuer sa promenade et revenir à pied avec Roger. Mais, avant de laisser partir ces derniers, le fermier, qui ne se lassait pas de faire admirer sa ferme, voulut encore montrer à M. Aubair une chose nouvelle dans le pays et qu'il jugeait devoir intéresser l'architecte de M. de Charly. Il le mena derrière la grange où se trouvaient des meules ou *cachons* exhaussés au-dessus du sol au moyen d'un grillage supporté par des points d'appui en fonte. M. Aubair expliqua à Roger l'intérêt de cette disposition, et lui fit comprendre, au moyen d'un croquis, que, de cette manière, la meule était isolée de terre et les gerbes mises ainsi tout à la fois à l'abri de l'humidité et hors des atteintes des rongeurs qui ne pouvaient grimper le long de la surface lisse du métal (fig. 9).

Si vous voulez, Monsieur, dit Roger, enchanté de faire les honneurs de la promenade, nous ne reviendrons pas par le chemin que nous avons pris en venant. Il y en a un autre un peu plus long, mais beaucoup plus joli. Vous n'êtes pas fatigué?

— Non, mon ami, et va pour l'autre chemin.

Une fois en route la conversation reprit entre M. Aubair et son jeune

Fig. 9. — Un cachon et son support.

compagnon. Toute construction, chaumière, maison ou église, était motif à questions de la part de Roger. M. Aubair lui donnait, avec une complaisance extrême, toutes les explications demandées, et s'efforçait de les rendre, tout à la fois, instructives et amusantes.

On s'arrêtait souvent, on regardait beaucoup, et par conséquent on n'allait pas très vite, de sorte qu'on était encore loin du château lorsque survint une forte averse.

Par bonheur, une ferme se trouvait à peu de distance (fig. 10) : ils hâtèrent le pas pour y demander asile ; mais, comme ils y arrivaient, la pluie se mit à tomber en telle abondance qu'ils n'eurent pas le temps de gagner la maison située au fond de la cour. Ils furent contraints de se réfugier dans une grosse tour ronde qui en occupait un des angles et dont la porte était entrebâillée.

L'intérieur de cette tour servait de magasin au fermier pour y enfermer du bois et de la paille.

L'entassement des bottes et des fagots montait jusqu'au plancher, lequel était formé de solives à moitié pourries, soutenues au milieu par un énorme pilier de pierre. M. Aubair examinait l'intérieur du bâtiment avec un soin qui étonna Roger ; aussi lui demanda-t-il ce qu'il trouvait de si curieux dans cette vieille tour.

— Ce n'est pas une tour à proprement parler : nous sommes dans un colombier, la dépendance de quelque ancienne habitation seigneuriale. Il devait y avoir ici, autrefois, un château ou une abbaye.

— En effet, je l'ai entendu dire. C'était le château de Clangy. Papa a des papiers où il en est question. Mais comment avez-vous pu deviner, Monsieur, que ce colombier faisait partie d'un château ?

— C'est que, jusqu'au siècle dernier, le droit de posséder un colombier constituait un des privilèges des seigneurs. Il était défendu aux paysans d'élever des pigeons ; ce droit appartenait aux seuls propriétaires du sol, et seuls ils pouvaient en tirer profit. Tous les châteaux, manoirs, abbayes et prieurés possédaient alors des colombiers et ils étaient installés avec le plus grand soin. Il n'était pas rare d'en voir contenant jusqu'à deux mille boulins ou nids habités chacun par un couple de pigeons et leur nichée.

— En voilà une armée !

— Et une armée dévastatrice, car ils se nourrissaient aux dépens des champs environnants dans lesquels ils faisaient de grands ravages.

Pendant que M. Aubair parlait, Roger avait avisé, dans un coin, une échelle et, avant que son compagnon pût le retenir, il avait atteint le plancher supérieur, en passant par une ouverture en forme de trappe.

M. Aubair fut lui-même bientôt sur le plancher à côté de Roger, et promena ses regards autour de lui.

— Ce colombier ne sert plus depuis longtemps, dit-il, et paraît très curieux. Il est fort ancien et remonte certainement au quinzième siècle. Mais on n'y pénétrait pas alors comme nous venons de le faire ; on y avait accès directement du dehors.

— Comment cela? Je ne vois pas d'entrée.

— Il n'y en a plus, mais il y en a eu une ; cherche bien.

— Ah! c'est là, sans doute, dit Roger en montrant un point de la muraille où l'on voyait des pierres de taille dessinant la forme d'une porte.

— Cet encadrement est, en effet, celui d'une ancienne porte, et l'on y arrivait par un escalier extérieur. Cette ouverture aura été bouchée lorsqu'on a élevé les constructions voisines.

— Oh! mais, Monsieur, reprit Roger, voyez donc tous ces trous dans le mur. Il y en a du haut en bas, et ils sont aussi serrés que les alvéoles d'un gâteau de miel.

— Ce sont les boulins dont je parlais, autrement dit les nids pour les pigeons.

Ils étaient assez grands pour permettre d'y introduire la main, et au devant de chacun d'eux était placée une brique en saillie. Le pigeon pouvait se poser sur cette saillie avant d'entrer dans son nid ou au moment d'en sortir ; mais la muraille est si dégradée qu'il n'en reste plus trace. — Si, pourtant, regarde, en voici encore quelques-unes.

Et M. Aubair fit remarquer au jeune garçon, en deux ou trois endroits, la disposition dont il venait de parler.

— Ces briques, ajouta-t-il, servaient aussi d'appui au pied ou à la main du surveillant pour visiter les nids.

Fig. 10. — La ferme et le pigeonnier de Clangy.

— Est-ce qu'il n'avait pour grimper là haut d'autre moyen que de s'accrocher des pieds et des mains à la muraille ? ce n'était pas commode.

— Si, vraiment. Tu as dû remarquer tout à l'heure, dans la partie inférieure de la tour, ce gros pilier de pierre ?

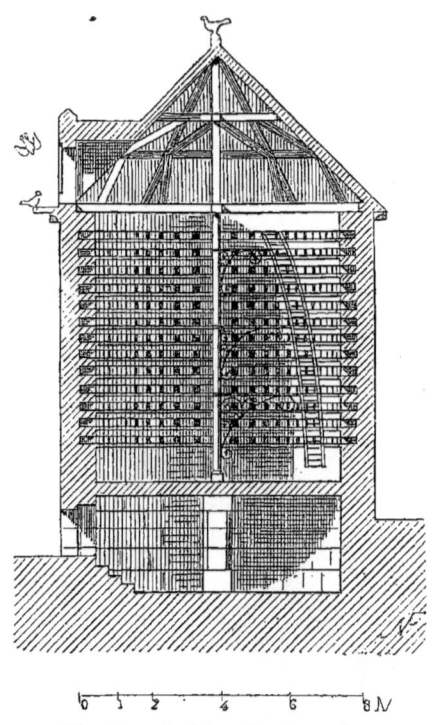

Fig. 11. — Intérieur du pigeonnier.

— Oui.

— Eh bien, cette pile de pierre supportait une colonne tournant sur un pivot placé à sa base, et sur un tourillon fixé à son sommet à la pièce de charpente qui traverse le colombier. La colonne pouvait ainsi facilement se mouvoir sur son axe ; comprends-tu ? Regarde ce croquis (fig. 11).

— Oui, Monsieur.

— Cette colonne était, dans le cours de sa hauteur, munie de deux ou trois potences....

— Potences ! s'écria Roger.

— Sois tranquille, mon ami, il ne s'agit pas ici d'instruments de supplice. On donne le nom de potence à une barre de fer ou de bois horizontale, maintenue à une seule de ses extrémités et destinée à soutenir un objet quelconque. Les vieilles enseignes d'auberge, par exemple, sont suspendues à des potences.

— Ah bon! dit Roger en riant, cela me rassure.

— Ces potences, reprit M. Aubair, étaient placées à des hauteurs inégales et sur des plans différents, et servaient de support à une échelle qui se trouvait, de cette manière, avoir l'inclinaison nécessaire pour rendre l'ascension facile.

On se servait de cette échelle pour visiter les nids, les nettoyer et prendre les pigeons.

— Mais, Monsieur, à vous entendre, dit Roger émerveillé, on dirait que vous avez vu ce colombier quand il était tel que vous le décrivez. Il me semble être à ce temps-là et voir ce dont vous parlez.

— Dans bien des occasions, dit gaiement l'architecte, il s'agit seulement, pour reconstruire le passé, de savoir regarder et observer le présent.

— Monsieur Aubair, reprit l'enfant après un moment de réflexion, vous nous ferez un colombier comme celui-là, à la ferme neuve, n'est-ce pas?

— C'est bien mon intention; seulement nous remplacerons la colonne, la potence et l'échelle en bois par une colonne, une potence et une échelle en fer (fig. 11).

Ne crois pourtant pas, mon ami, ajouta-t-il, que les colombiers en forme de tourelles soient les seuls convenables : en voici un que j'ai vu, il y a quelque temps, en Provence et qui ne manque ni d'élégance, ni d'originalité.

Et comme la pluie continuait à tomber à torrents, M. Aubair s'installa sur une botte de paille, près de la fenêtre, en faisant signe à Roger de prendre place à côté de lui. Puis il prit son album et crayonna

Fig. 12. — Un pigeonnier en Provence.

pour son jeune compagnon un croquis représentant une petite construction carrée (fig. 12).

— La drôle de petite maisonnette, avec son toit incliné d'un seul côté et ses clochetons en éteignoir aux quatre angles !

— Mais elle est très jolie cette maisonnette, et parfaitement appropriée à sa destination. Remarque comme tout y est bien prévu et bien disposé : les murs latéraux dépassent le toit de manière à l'abriter du vent. Le toit déborde à son tour sur le mur de face, et protège ainsi la planchette sur laquelle s'arrêtent toujours les pigeons avant d'entrer dans le colombier ou avant de le quitter.

— C'est très bien imaginé.

— Cette petite construction est en moellons taillés laissés apparents ; un bandeau en pierre très saillant règne autour des murs à mi-hauteur, comme tu le vois sur le dessin, et au dessous sont scellés des carreaux de terre cuite vernissée.

— Oui, c'est très gentil.

— Ce n'est pas seulement gentil, c'est nécessaire pour empêcher les belettes, les rats et les rongeurs de toute sorte, de s'introduire dans le *pigeonnier*.

Tu vois donc que ce petit bâtiment est parfaitement conçu au point de vue des services qu'il doit rendre, ce qui est toujours la première chose à considérer. Et remarque qu'il a suffi au constructeur de ce pigeonnier, d'un peu de réflexion et de raisonnement pour élever à ses pigeons une demeure qui leur soit agréable, et qui en même temps les protège contre leurs ennemis, c'est-à-dire qui remplisse parfaitement ce qu'on attendait d'elle.

Cette réflexion était, sans doute, trop profonde pour Roger, car il n'en parut pas touché et reprit :

— Je vois d'ici le futur pigeonnier de notre ferme avec son toit couvert de pigeons allant et venant sans cesse, voltigeant en tous sens. Comme ce sera amusant !

— Amusant, amusant ! C'est-à-dire que la possession d'un colombier est au contraire la source de discussions et de difficultés incessantes entre voisins, à cause des dégâts que cette race ailée fait dans les champs, comme je le disais tout à l'heure. Aussi, dans plusieurs pays, la production des pigeons en liberté tend-elle à décroître.

— Mais, j'ai entendu dire au contraire que, dans le Nord principalement, on s'occupe, plus que jamais, de l'élevage des pigeons.

— Sans doute, mais ce n'est pas au point de vue des ressources qu'ils peuvent offrir à nos cuisines. On cherche à développer en eux les qualités dues à la conformation de leurs ailes, qualités qui leur donnent un vol soutenu et rapide, en même temps que leur instinct naturel les ramène toujours au colombier.

— C'est donc vrai ce qu'on dit, que si loin de son nid qu'on em-

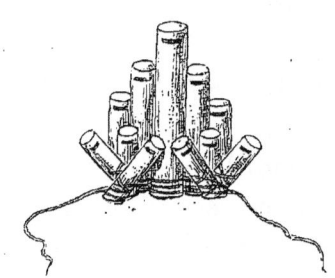

Fig. 13. — Sifflets des pigeons en Chine.

mène un pigeon, fût-ce même en panier clos, il sait toujours le retrouver?

— Parfaitement.

— Est-il vrai aussi qu'on puisse s'en servir comme de messagers?

— Oui, et ce sont des messagers qui vont très vite. Ils ont rendu de grands services aux Hollandais pendant le siège de Leyde, en 1574 ; et aux Parisiens, en 1870, pendant le siège de Paris. Mais ce n'est pas assez pour les pigeons de remplacer le télégraphe, en Chine, on en fait des musiciens.

— Les pigeons chinois chantent donc?

— Ce n'est pas leur voix qu'on utilise ; on ne les fait pas chanter, on leur fait faire de la musique, sans pour cela en faire des chanteurs, et cette musique, je t'assure, n'a rien de bien harmonieux. Elle est produite par de longs tubes extrêmement légers (fig. 13) fixés sur leur dos et dans lesquels s'introduit l'air que ces oiseaux déplacent en volant. Dans les campagnes, on entend à chaque instant, au grand étonnement des nouveaux arrivés, une sorte de sifflement, assez désagréable du reste, provenant du vol d'un pigeon passant au-dessus de votre tête.

— Oh ! s'écria Roger, riant de tout son cœur, il n'y a que des Chinois pour imaginer de pareilles inventions !

Cette invention est d'autant plus ingénieuse qu'elle a pour objet non pas de charmer les oreilles, mais d'effrayer les oiseaux de proie très nombreux dans les plaines de Chine et très friands de la chair du pigeon.

En cet instant, la conversation fut interrompue par la fermière qui, ayant aperçu des messieurs dans le vieux pigeonnier, ne voulait pas souffrir qu'ils y demeurassent plus longtemps. Elle accourait avec des parapluies.

## CHAPITRE IV

### SUITE DU CHAPITRE PRÉCÉDENT.

— Jésus ! mon Dieu ! s'écria-t-elle en reconnaissant Roger, est-il permis de demeurer dans un endroit pareil ! Je suis bien fâchée de ne pas vous avoir aperçus plus tôt, Messieurs. Pas de feu pour vous sécher ! pas un escabeau pour vous asseoir ! Le temps a dû vous paraître bien long !

— Pas du tout, dit Roger.

— Vous êtes trop polis pour le dire ! Enfin venez à la ferme avec moi, vous pourrez au moins vous reposer.

Elle s'élança dehors, traversa la cour, et quelques instants après M. Aubair et son compagnon s'installaient devant un bon feu au-dessus duquel était suspendue une grande marmite.

— Qu'est-ce qu'il y a là dedans, demanda le jeune garçon.

— C'est de la nourriture pour nos cochons, sauf votre respect, Monsieur Roger.

— Ah ! c'est vrai, on dit que vous avez une porcherie modèle ; voulez-vous nous la montrer ? Voilà Monsieur qui s'y connaît et qui sera bien aise de la voir.

— Ça, c'est vrai qu'elle ne ressemble pas aux toits à porcs des environs. Quand notre monsieur l'a fait construire, il y a de cela 8 ou 9 ans, tout le monde se moquait de lui. — En voilà une idée, disait-on, de traiter ces bêtes-là comme des chrétiens ! A quoi ça sert-il ? Est-ce que les jambons en seront meilleurs ?

— Eh ! bien oui, Monsieur, ils en sont meilleurs, ou du moins c'est l'avis de bien des gens ; et la preuve, c'est que nos cochons se vendent mieux que tous les autres sur les marchés des environs. Oh ! notre

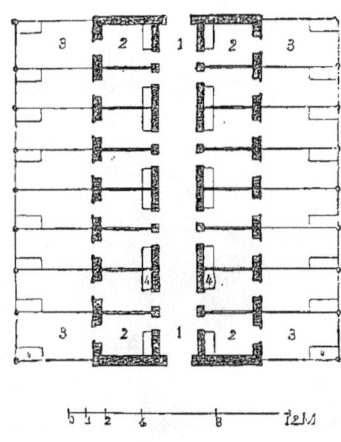

Fig. 14. — Plan de la porcherie.

1. Couloir d'alimentation.
2. Cases à porcs.
3. Cours découvertes.
4. Auges.

monsieur savait bien ce qu'il faisait ! Ça a coûté gros de les installer ces animaux ; mais aussi ils rapportent en conséquence, et font entrer dans la poche plus d'argent qu'ils n'en ont fait sortir.

— Où est-elle cette porcherie ? demanda M. Aubair.

— Par ici, Monsieur ; et tous trois se dirigèrent vers une petite cour située derrière la maison.

— Le fait est qu'ils sont logés comme des princes, dit Roger en arrivant au quartier destiné aux porcs. Chacun a sa maison et même sa cour !

La porcherie était formée d'un bâtiment à toit bas, divisé à l'intérieur en compartiments (fig. 14).

A l'entour était réservée une cour fermée de grilles et divisée en autant de petites courettes qu'il y avait de cases. Là, les porcs pouvaient se vautrer tout à leur aise. Quand il leur plaisait de rentrer, il étaient libres de le faire.

Le bâtiment comprenait deux rangées de cases séparées l'une de l'autre par un couloir ou galerie centrale sur lequel s'ouvraient les portes.

Fig 15. — Intérieur de la porcherie.

M. Aubair fit remarquer à Roger que les deux parties latérales étaient couvertes par un toit distinct et que la partie centrale correspondant au couloir était plus élevée que les autres. L'intervalle ménagé entre ces différentes parties servait ainsi à renouveler l'air et à donner à l'intérieur la lumière nécessaire (fig. 15).

Les côtés du couloir étaient fermés par des murs ayant à peu près deux mètres de haut et percés de portes qui donnaient accès dans les cases.

· Chacune de celles-ci avait son entrée particulière.

Depuis que les visiteurs avaient franchi la porte de la galerie les habitants de la porcherie faisaient entendre des grognements significatifs.

— Ils savent bien que c'est moi qui suis là, dit la fermière, et ils me demandent à manger.

— Est-ce que c'est l'heure de leur repas ? interrogea M. Aubair.

— Oui ; mais ils peuvent bien attendre un peu. Ils n'en mourront pas.

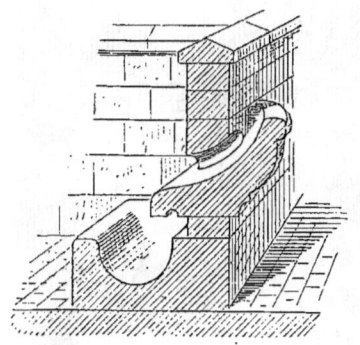

Fig. 16. — Détail d'une auge de la porcherie.

— Nous ne voulons pas déranger leurs habitudes. Allez donc chercher leur dîner.

— Bah ! bah ! un quart d'heure de plus ou de moins !

— Non, allez-y, nous voudrions voir comment vous vous y prenez.

— Comme vous voudrez. Après tout, autant leur donner tout de suite leur pâtée.

La fermière revint bientôt, roulant une brouette sur laquelle était placée la marmite qui, quelques instants auparavant, était pendue à la crémaillère de la cuisine. Elle fit entrer sa brouette dans le couloir ; mais au lieu d'ouvrir la porte de la première case, comme Roger s'y

attendait, elle s'arrêta devant une sorte de soupirail, en forme de
hotte, percé à côté (fig. 16).

Puis, prenant à l'aide d'une pelle destinée à cet usage une portion
de la pâtée, elle l'introduisit dans le trou (fig. 17).

Ce trou, ainsi qu'elle le fit voir aux visiteurs, était pratiqué juste
au-dessus de l'auge. Elle répéta cette opération pour chacun de ses
pensionnaires, dont les grognements d'impatience se transformèrent

Fig. 17. — Intérieur d'une case de la porcherie.

en grognements de satisfaction, sans que l'oreille gagnât beaucoup à
ce changement.

— Voilà qui est bien commode.

— Oh! oui, dit la fermière, car ces animaux-là ne sont pas doux,
il s'en faut; j'en ai vu qui étaient très méchants, féroces même; et
je n'aurais pas aimé entrer dans leurs cases, encore moins à leur
envoyer ma Nanne ou mon Jacquot. De cette manière-là, il n'y a pas
de danger, on ne les approche pas.

— Mais il faut bien, de temps en temps, enlever le fumier. Comment fait-on ?

— Le plus souvent on se contente de repousser les porcs avec le balai, et ils se laissent faire. Quant à ceux qui sont mé-

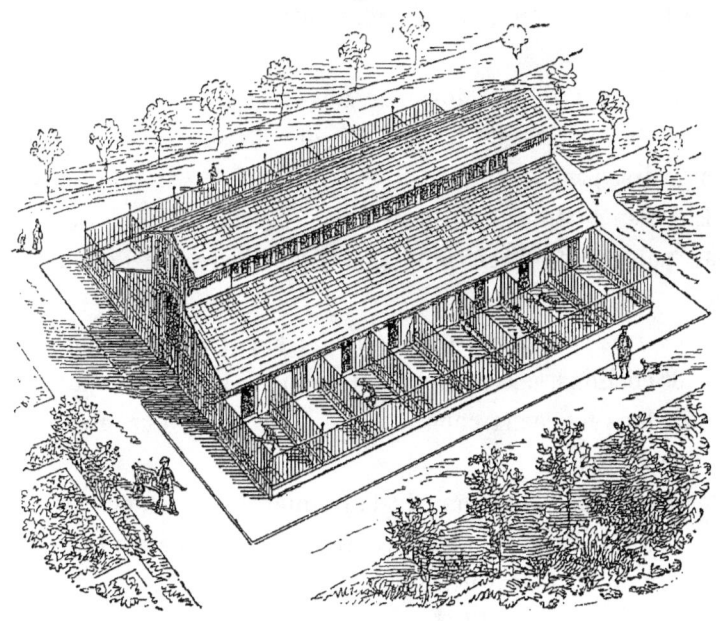

Fig. 18. — Extérieur de la porcherie.

chants, on profite, pour nettoyer leurs cases, du moment où ils sont dehors ; alors on ferme la porte de séparation et on est tranquille (fig. 18).

— Est-ce qu'ils sortent en hiver ?

— Tout de même ; et il faut qu'il fasse bien froid pour qu'on ferme leurs portes. Ils aiment à aller et venir, et on les laisse faire. Les bêtes, c'est comme les gens, il ne faut pas les contrarier sans nécessité. D'ailleurs, c'est bon pour leur santé de prendre l'air et de se remuer.

La pluie avait cessé, on était sorti de la porcherie, et on longeait les grilles extérieures.

Dans chaque petite cour, se voyait une auge d'eau très propre.

— Ah ! mère Jeanne, vos cochons ne doivent pas être contents de vous.

— Et pourquoi donc, Monsieur Roger ?

— Vous leur donnez de l'eau claire, et vous savez bien le proverbe : On n'engraisse pas.....

— Eh bien ! Monsieur Roger, le proverbe a tort. Donnez-leur de l'eau sale et de l'eau propre, et vous verrez celle qu'ils préféreront.

— Vous avez raison, reprit M. Aubair; ainsi, aux environs de Pau, on lave les cochons, ces cochons qui donnent les fameux jambons de Bayonne, dans les eaux courantes du Gave et je vous assure qu'ils s'en trouvent bien !

— Je vous crois volontiers, dit la fermière, et ceux qui prétendent que les cochons aiment la malpropreté cherchent ainsi le moyen de se dispenser de les nettoyer.

— Remarque, Roger, dit M. Aubair à l'enfant, ces barreaux de fer.

— Oui, ils sont énormes.

— Vois aussi comme ils sont solidement scellés dans ces carreaux de pierre dure, et comme le pavage des cours est fait avec soin.

— A quoi bon?

— A quoi bon? C'est afin que les porcs ne les arrachent pas. Ces animaux ont dans le groin une force extraordinaire et ils viennent très rapidement à bout de détériorer tout pavage et toute maçonnerie qui ne seraient pas exécutés avec une extrême solidité. De même, si ces barreaux n'étaient pas assez forts, ils parviendraient facilement à les tordre ou à les écarter. C'est au point que, dans le Bordelais, on perce le groin des cochons avec une tige métallique. La douleur qu'ils éprouvent alors lorsqu'ils veulent gratter avec leurs groins les empêche de dégrader le sol et les murs de leurs écuries.

## CHAPITRE V

UNE FERME EN RUSSIE.

Lorsqu'après dîner on fut réuni au salon, la conversation s'engagea sur les voyages de M. Aubair et sur la ferme future; et M. de Charly vint à demander à son ami s'il avait parfois visité des exploitations agricoles et dans quels pays elles lui avaient semblé le mieux installées.

— Posée de cette façon, la question est difficile à résoudre, répondit celui-ci. Chaque pays a ses besoins particuliers, son climat et ses mœurs; ce qui convient à l'un ne peut convenir à l'autre. Une ferme excellente en Russie, par exemple, serait évidemment très mauvaise en Italie.

J'ai apporté, en venant ici, pour m'aider dans un travail que je prépare, quelques carnets de notes de voyage; ils contiennent différents croquis de constructions rurales, dessinées un peu au hasard de la route, mais qui donnent assez bien l'idée de ce qu'elles sont dans plusieurs pays étrangers. Nous pourrons peut-être y trouver des renseignements utiles.

En parlant ainsi, M. Aubair quitta le salon et reparut au bout de quelques instants avec un album qu'il ouvrit devant M$^{me}$ de Charly.

— Voici, dit-il, le plan d'un établissement agricole construit en Russie, sur les bords du Volga, entre Nijni-Novogorod et Kazan. Le pays où

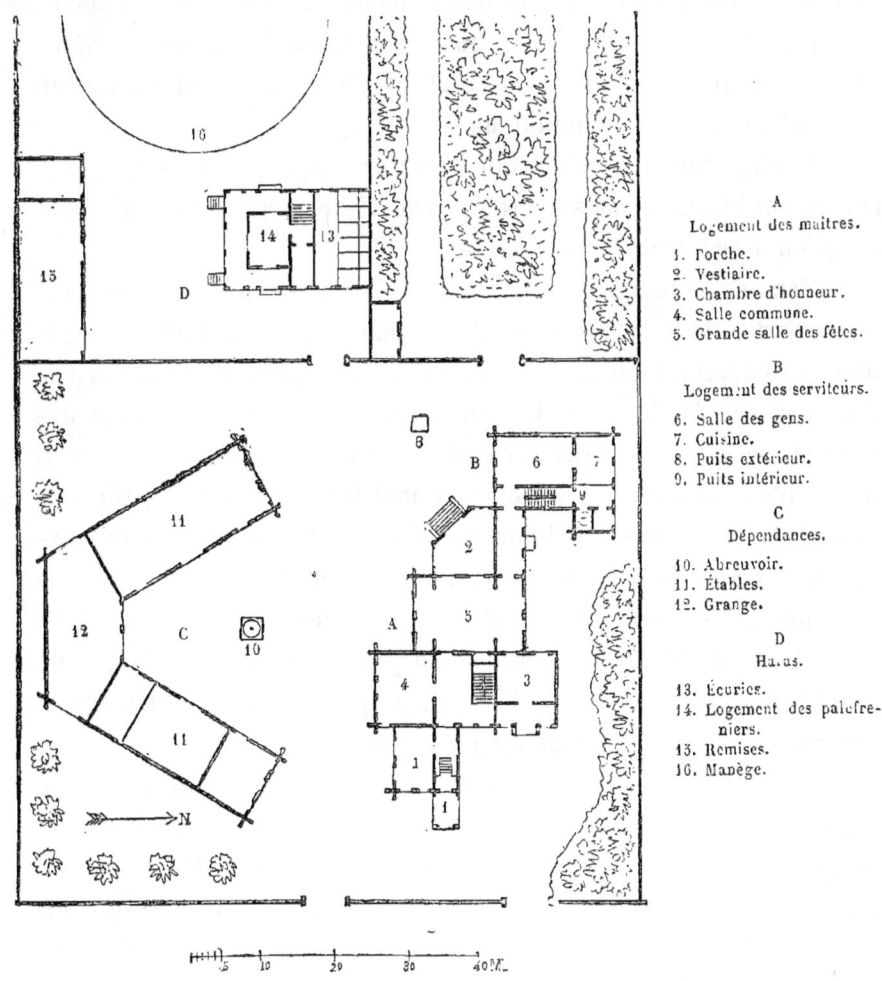

Fig. 19. — Plan de la ferme de Kasan.

cette ferme est située est triste : c'est une grande plaine grise couverte de neige ou noyée de boue pendant une partie de l'année et où se montrent seulement quelques bouquets d'arbres verts. Le fleuve sert de grand chemin ; c'est lui qui transporte les marchandises d'Orient en Occident ; les constructions se ressentent de l'influence des lieux et du climat.

Le premier corps de bâtiment que vous voyez là, à gauche, continua M. Aubair en indiquant du doigt, contient les étables, écuries et autres bâtiments d'exploitation (fig. 19).

— Quelle singulière disposition on leur a donnée, dit Roger, qui, penché sur le fauteuil de sa mère, regardait le plan avec attention ; est-ce qu'on a eu une raison pour cela ?

— Sans doute, et une très importante. Les bâtiments qui composent cette partie de la ferme forment, comme tu peux le voir, un angle dont le sommet est tourné vers le nord, indiqué par cette flèche placée dans un des angles du dessin. Les coups de vent viennent se heurter contre cette muraille ; ils s'y brisent en efforts inutiles et glissent à droite et à gauche, sans atteindre les étables dont les ouvertures regardent la cour ; il en est de même de la maison d'habitation, renfermant les logements des maîtres et ceux des serviteurs ; ce dernier bâtiment occupe le centre de l'espace ménagé entre les extrémités du triangle (fig. 20).

— En effet, dit Roger regardant toujours le dessin ; mais, par où entre-t-on dans la maison ? N'ayant, jusque là, jamais sérieusement regardé de plan, il ne savait s'y reconnaître.

— Il faut se reporter à la légende qui est au bas de la feuille. Qu'y lit-on ? 1. Porche. Voilà par où l'on entre, dit l'architecte en désignant du doigt la partie du plan portant le n° 1. Ce porche est très saillant de manière que les voitures et les traîneaux qui les remplacent l'hiver, s'y trouvent à l'abri. Une fois là, continua-t-il en promenant son doigt sur le dessin, ceux des visiteurs qui viennent pour traiter d'affaires passent à gauche dans le cabinet du fermier ; les autres gagnent ce vestibule, où se voit un escalier. Cet escalier conduit aux chambres à coucher. A gauche du vestibule est une cuisine ;

à droite, la chambre d'honneur réservée à l'étranger ou au propriétaire, si, par hasard, il lui prenait fantaisie de faire acte de présence.

En face, toujours dans ce vestibule, est la porte de la grande salle. Cette salle est accompagnée d'une sale plus petite de laquelle on peut, par un perron, descendre dans la cour.

Me suis-tu, mon ami ?

— Très bien, Monsieur, c'est même très amusant de se promener ainsi.

— De la grande salle, continua M. Aubair, on passe dans une galerie qui fait communiquer le logement des maîtres avec celui des serviteurs. Ce dernier se compose de deux salles et d'une cuisine avec un puits intérieur.

— Un puits intérieur qu'est-ce que c'est? pourquoi faire ?

— Mais, pour ne pas être exposé à manquer d'eau pendant l'hiver, lorsque celui qui est dans la cour est gelé.

Roger parcourut encore quelques instants le plan des yeux, afin de se rendre un compte bien exact des explications qu'il venait de recevoir.

— Quelle est cette grande salle (fig. 21) dont vous parlez, Monsieur? demanda M$^{me}$ de Charly.

— C'est une pièce qui sert à la vie commune, et en voilà la vue intérieure, dit M. Aubair en tournant un feuillet de l'album. Les habitants de la ferme y passent la plus grande partie de leur existence : c'est là qu'on dresse la table des festins qui, dans les pays du nord, sont longs et fréquents. La cheminée, ou plutôt le poêle, qui en occupe le centre, répand sa chaleur dans toute la maison, mais surtout dans cette salle ; aussi arrive-t-il souvent que, dans les grands froids, les habitants de la ferme s'y réfugient la nuit, et étendent leurs couches dans la soupente ou galerie ménagée à l'extrémité.

— Ah! la voilà cette soupente, dit Roger, et voilà à droite l'escalier qui y conduit.

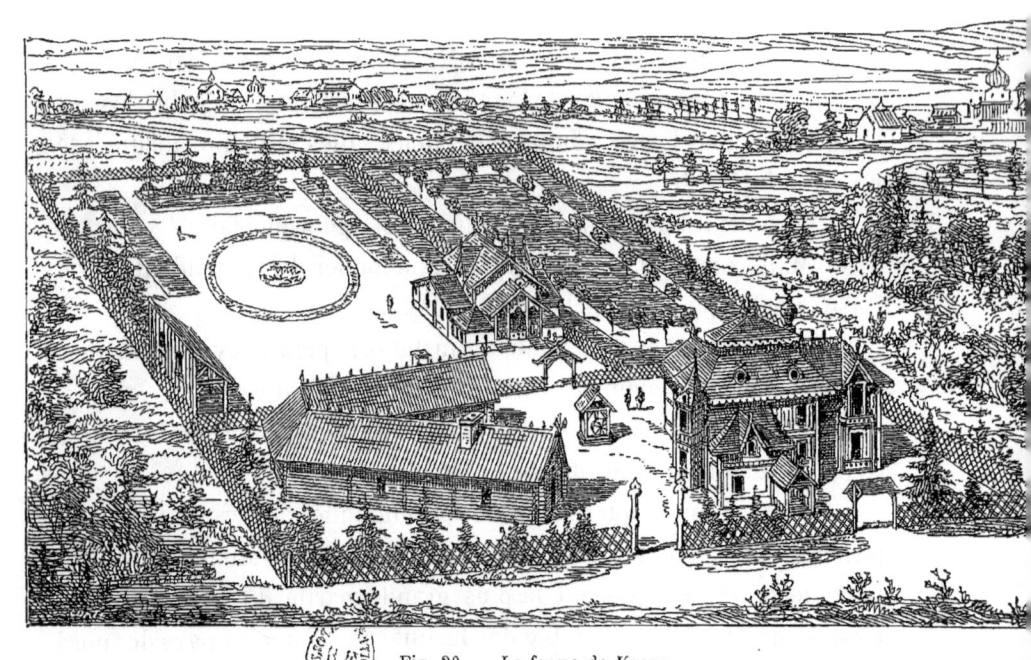

Fig. 20. — La ferme de Kasan.

— Précisément, cette galerie sert souvent aussi de dortoir pour les parents et les amis réunis à l'occasion d'une fête, soit que le mauvais temps les empêche de regagner leur logis, soit que, par leur intempérance, ils se soient mis hors d'état de partir, comme cela ne leur arrive que trop souvent.

— Et cette sorte de grande niche, dans le mur, en avant du poêle, qu'est-ce ?

— C'est là que sont les images saintes devant lesquelles brûle toujours un cierge. Dans les occasions dont nous parlons, la grand'mère ou la plus jeune des filles tire un rideau devant les images.

Cette pièce, reprit M. Aubair, reçoit le jour par les doubles croisées percées à ses deux extrémités ; et, pendant l'hiver, de lourdes portières de cuir retombent devant les portes et devant les fenêtres. La salle est alors éclairée par un lustre accroché au plafond.

— Celui qui est figuré là, dit Roger.

— Justement. Il est en bois peint, enrichi de pierres brillantes. C'est dans cette salle que les habitants de la ferme passent les jours et une partie des longues nuits d'hiver, buvant et fumant, étendus sur de larges coussins, en attendant que le retour du soleil leur permette de reprendre les travaux des champs.

— Voilà une belle occupation !

— Quant à cela, mon ami, je pense exactement comme toi.

— Cette salle est bien riche pour une salle de ferme, dit M$^{me}$ de Charly.

— Non, madame : la décoration que vous voyez fait beaucoup d'effet ; mais, en somme, elle est très simple et peu coûteuse. Les murs sont recouverts d'un lambris en bois de sapin bizarrement travaillé, et rehaussé, par place, de filets vivement colorés en bleu ou en rouge. Voilà tout.

— Comme ces découpures, ces ornements au-dessus du toit, sont singuliers ! dit Roger qui ne se lassait pas de regarder les dessins qu'il avait sous les yeux. Je souhaiterais une ferme pareille à M. Morlot. Je ne pensais pas, ajouta-t-il, que les paysans russes fussent si bien logés.

— Ah! ce n'est pas là, une de ces misérables chaumières habitées par de malheureux moujiks, pleines de vermine et repoussantes de malpropreté, comme on en rencontre tant en Russie. C'est la demeure du régisseur d'une vaste propriété.

— Ah! en effet ! Il faut être riche pour posséder une ferme comme celle-là !

— D'autant plus, dit en riant M. Aubair, qu'un établissement de ce genre ne rapporte rien, ou du moins pas grand'chose à son propriétaire.

— Vraiment, et pourquoi donc ? demanda M$^{me}$ de Charly.

— Le régisseur y réalise pour son propre compte les plus larges économies possibles ; puis, il y héberge ordinairement de nombreux parents ou amis qui vivent aux dépens du maître et absorbent si bien tout ce que la ferme peut produire, qu'il ne reste plus grand'chose pour le propriétaire.

— Voilà qui ne ferait pas notre affaire, fit M. de Charly.

— La situation n'est pas la même, répliqua M. Aubair, la plupart des propriétaires russes, possesseurs d'une fortune colossale, vivent loin de leurs terres, n'y viennent presque jamais et ne surveillent pas ce qui s'y passe. Or, vous connaissez l'utilité de l'œil du maître !

— A-t-on beaucoup d'animaux, dans les fermes russes? demanda Roger, après quelques instants.

— Oui, mais surtout des chevaux ; ils sont indispensables dans les exploitations rurales de ce pays où les distances à parcourir sont immenses et où les grandes voies de communication manquent encore. Aussi dans toutes les fermes de quelque importance, on consacre un emplacement spécial au haras, c'est-à-dire à tout ce qui concerne

Fig. 21. — Intérieur de la grande salle de la ferme de Kasan.

l'élevage des chevaux. Dans celle qui nous occupe, le haras est séparé de la ferme proprement dite, comme tu peux le voir. Il est adossé au jardin et contient, non seulement les écuries et les greniers à fourrage, mais aussi le logement des gens chargés du soin des animaux.

Ce cercle, qui porte sur le plan la lettre D, figure le manège où on dresse les chevaux.

— Et en quoi sont ces bâtiments ? On dirait du bois.

— C'est du bois, en effet, comme dans la plupart des constructions en Russie, où la brique et la pierre sont rares. Des troncs de jeunes pins, superposés dans le sens horizontal et non enfoncés verticalement, comme on serait tenté de se l'imaginer, forment les murs. Ils sont aux angles assemblés à mi-bois. Le constructeur de cette ferme a tenu à faire revivre, dans les ornements extérieurs, les souvenirs de l'architecture nationale tombée en défaveur pendant longtemps.

— Mais, c'était grand dommage, dit M${}^{me}$ de Charly; tous ces détails me paraissent très élégants et surtout pleins d'originalité.

— Les pignons et les arêtes du toit sont, comme vous le voyez, bordés de longues planches découpées à jour, répétant des dessins géométriques, et relevés par des filets rouges ou bleus qui égaient l'ensemble.

— Ces décorations, reprit M${}^{me}$ de Charly, n'ont-elles pas quelque ressemblance avec les dessins qui décorent la grande salle, et aussi avec ceux dont sont ornés le linge et les ustensiles de ménage russes ? L'un de mes parents m'a rapporté, de Moscou, un service de table brodé et un grand plateau en métal de Toula sur lequel je retrouve le souvenir des ornements que vous me montrez.

— Précisément, c'est là une tradition nationale conservée depuis des siècles et qui établit un rapport facile à suivre, entre l'extérieur des habitations et les objets qui les garnissent à l'intérieur.

## CHAPITRE VI

UNE FERME EN NORWÈGE.

— Voici, si je ne me trompe, dit M$^{me}$ de Charly, en tournant quelques feuillets de l'album, des constructions qui doivent encore appartenir au Nord.

— Oui, madame ; c'est le plan (fig. 22) d'une ferme, située sur les bords du fjord de Trondhjem en Norwège.

Tu sais, Roger, que le fjord est une baie qui s'enfonce profondément dans les terres et dont, comme tu as pu le voir, sur la carte, les côtes de Norwège sont bordées. La nature est là, une dure marâtre. Le vent glacé du nord y souffle sans interruption, pendant des mois entiers ; la neige y tombe, sans trêve ni relâche ; les nuits y sont terribles et durent vingt heures.

— Je n'aimerais pas à habiter un pays pareil, dit le jeune garçon, en frissonnant.

— La population de la Norwège, pour résister à de telles intempéries, s'abrite dans des groupes d'habitations appelées *Gaards* et appartenant à une même famille.

Ces gaards se composent d'une série de bâtiments (fig. 23) ayant

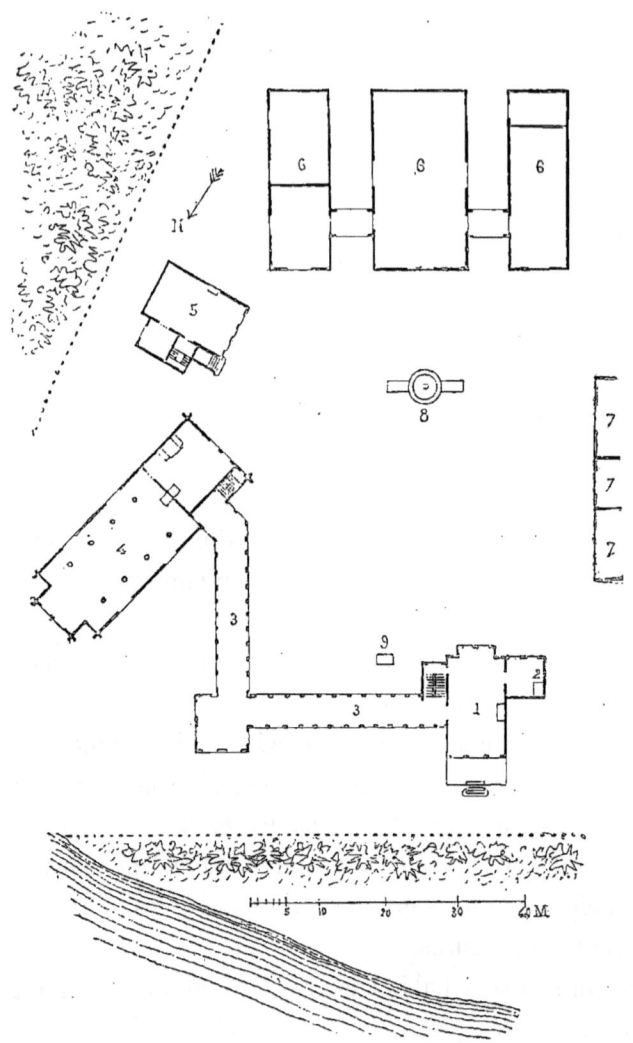

Fig. 22. — Plan de la ferme (gaard) de Trondhjem.

1. Bâtiment des maîtres.
2. Puits intérieur.
3. Galerie.
4. Salle des fêtes.
5. Bâtiments des serviteurs.
6. Étables, écuries, remises.
7. Ateliers, magasins.
8. Abreuvoir.
9. Cloche.

chacun leur destination particulière, et pouvant satisfaire à tous les besoins d'hommes civilisés.

C'est sur une côte âpre et triste que s'élève le gaard dont voici le dessin. La mer vient battre le pied des énormes rochers qui servent de fondations aux murailles, et on n'y voit guère, pour toute verdure, que celle d'une sombre forêt de pins qui borde l'horizon.

Le corps de logis habité par les maîtres est près de l'entrée, le voici, n° 1. Une vérandah précède la salle commune, celle où l'on se réunit, principalement en hiver. Cette salle est accompagnée d'une pièce secondaire, dans laquelle est creusé le puits intérieur que nous avons déjà trouvé en Russie. Une longue galerie rattache ce premier bâtiment à un second qui ne contient que la chambre d'honneur réservée à l'étranger, et la salle des fêtes.

— Ah ! les voilà ! s'écria Roger, n$^{os}$ 3 et 4.

— Remarques-tu la forme singulière de cette galerie ?

— Oui, elle se présente d'angle comme les étables de la ferme russe.

— Cet angle a également pour but, ici, de faire résister les bâtiments aux coups de vent de la mer qui sont terribles sur ces côtes. Cette galerie sert pendant l'hiver de promenoir aux gens de la ferme et de salle de jeu pour les enfants, auxquels il arrive souvent de ne pouvoir mettre le pied dehors pendant plusieurs semaines : le froid et la neige règnent en maîtres absolus. Tu devines de quelle ressource est alors ce bâtiment.

— Je le crois bien.

— Et la salle des fêtes (fig. 24) est-elle aussi belle qu'en Russie ? demanda M$^{me}$ de Charly.

— Il s'en faut de beaucoup. On n'y trouve aucune recherche d'installation, aucun raffinement de luxe ou de confort. C'est, vous le voyez, un grand bâtiment couvert d'un toit bas, écrasé, débordant sur

Fig. 23. — La ferme (gaard) de Trondhjem.

les faces latérales, afin de protéger de la pluie et de la neige, les parements ou surfaces extérieures des murs.

L'extrémité des murs, indiquée sur la vue intérieure que je vous montre, fait voir les diverses combinaisons de ce mode de construction.

— Oui, en effet, dit Roger, on distingue les troncs d'arbres qui les forment.

— Ces troncs d'arbres laissent entre eux des joints remplis avec de la mousse et recouverts, à l'intérieur, d'un feutre de un à deux centimètres d'épaisseur ; sur ce feutre, sont clouées, en forme de treillis, des lattes de bois, que vous voyez figurées sur mon croquis. Deux rangs de colonnes, grossièrement travaillées, divisent la salle dans le sens de la longueur et forment ainsi une nef et des bas côtés. Cette disposition facilite la circulation ou les allées et venues des serviteurs lorsque, pendant les longues nuits d'hiver, quelque fête, ou un festin, réunit un grand nombre d'invités ou de convives dans la partie centrale. Des dressoirs et des banquettes garnissent les murs, et l'une des extrémités de la salle est percée d'une large fenêtre laissant apercevoir la mer que *l'homme du Nord* aime tant à contempler.

— Au fond, c'est le poêle, sans doute ?

— Oui. Il tient toujours une grande place dans les habitations des pays froids, car le premier besoin des habitants de ces contrées, c'est de se défendre contre les rigueurs de la température. Aussi, ne connaît-on pas nos cheminées dont la chaleur serait tout à fait insuffisante ; et l'on fait partout usage d'énormes poêles en terre appelés fourneaux, dans lesquels on brûle de la tourbe : les conduits de fumée sont disposés de façon à utiliser tout le calorique produit par le combustible, et grâce à ces appareils la température intérieure est facilement élevée à un degré convenable.

Au delà de ce premier bâtiment, continua M. Aubair, se trouve le bâtiment habité par les serviteurs.

— N° 5, dit Roger, qui suivait le plan des yeux.

— C'est cela. Il se compose d'une salle commune, d'une salle secondaire et de deux dortoirs à l'étage supérieur. Les lits de ces dortoirs sont, comme les lits de maîtres, disposés de façon à protéger le dormeur aussi bien contre le chaud que contre le froid ; car il ne faut pas perdre de vue que dans l'extrême Nord, en Norwège et en Finlande, par exemple, les étés, si courts, sont brûlants et pénibles. La température est très variable, et souvent, en quelques heures, s'élève ou s'abaisse de plusieurs degrés. Les lits sont donc, pour l'hiver, entièrement entourés d'une enveloppe de fourrure ; et, pour l'été, un châssis placé au pied du lit et rattaché au plafond, supporte les couvertures. Pendant la nuit, soit que la température s'élève ou s'abaisse, le dormeur, sans se déranger, peut mettre en mouvement un petit câble placé à la portée de sa main ; le châssis descend et dépose une couverture ou en reprend une.

Que dis-tu de cela ?

— Que c'est une machine à dormir joliment imaginée.

— Elle est fort ingénieuse, en effet, dit M$^{me}$ de Charly.

— Et très utile dans un pays où, pendant plusieurs jours, le soleil paraît à peine sur l'horizon, ou, quand il y paraît, ne le quitte plus.

— Et ces trois grands bâtiments pareils de forme, mais non de dimension, et qui sont numérotés 6, quels sont-ils ?

— Ce sont les étables et les bâtiments d'exploitation.

Ils sont reliés ensemble, comme on le voit sur le dessin, de manière à permettre d'aller, à couvert, de l'un à l'autre et à empêcher l'introduction d'une grande masse d'air froid chaque fois qu'on ouvre la porte. Les entrées et les sorties des animaux se font par des issues exposées au midi.

— Et ce bâtiment isolé, à droite, demanda, à son tour, M$^{me}$ de Charly ?

— Il contient les ateliers dans lesquels travaillent, pendant l'hiver, les hommes et les femmes de la ferme. C'est là que se confectionnent les objets nécessaires à la vie. Ainsi, non seulement on y file le chanvre et la laine, mais encore on les tisse, on les teint et on les convertit en vêtements. On y fabrique, en outre, des outils et des meubles, enfin, comme je vous disais tout à l'heure, toutes les choses nécessaires aux besoins d'hommes civilisés.

— Pourquoi donc, demanda Roger, n'achètent-ils pas ces objets tout faits, dans les villes ?

— Parce que les villes sont fort éloignées ; les centres industriels n'existent pour ainsi dire pas. Les gaards, comme celui dont je parle, sont complètement isolés ; les moyens de communication font défaut. Chaque groupe d'habitations doit donc être installé de manière à pouvoir se suffire à lui-même. De plus, la culture de la terre qui exige un travail excessif pendant l'été, est forcément suspendue pendant l'hiver et laisse de longs loisirs.

Ne vaut-il pas mieux employer son temps à des occupations du genre de celles dont je vous parle, qu'à boire, à fumer et à dormir, comme le font les paysans russes ?

— Oh ! il n'y a pas de doute.

— Quelques-uns de ces artisans sont devenus si adroits dans les métiers qu'ils exercent pour ainsi dire en amateurs, qu'ils fabriquent des meubles, des horloges à mouvements de bois, avec beaucoup d'habileté ; j'ai, chez moi, des coffrets recouverts d'ornements inspirés par un sentiment naïf et original qui charme et étonne.

Les mœurs de ce pays ont conservé toute leur pureté, et les sentiments de famille, toute leur vivacité et leur douceur. L'autorité du père n'y est jamais méconnue ou même contestée, comme cela arrive quelquefois, par malheur, dans nos pays. Il est, pour tous les habitants du gaard, le maître reconnu et respecté.

— Et en quoi construit-on en Norwège, demanda Roger dont l'esprit léger ne pouvait longtemps suivre les mêmes idées ?

— En bois ; le mode d'assemblage des bois est analogue à celui employé en Russie, mais les bâtiments sont moins élevés en Norwège ; et les formes architecturales plus simples.

Fig. 24. — Intérieur de la grande salle de la ferme (gaard) de Trondhjem.

— Est-ce parce que les architectes y sont moins habiles ?

— Ce n'est pas là la raison. Le climat pluvieux du centre de la Russie oblige l'architecte à recourir à des formes très accusées, tourmentées même, afin d'*enlever*, comme nous disons, de faire ressortir la masse des édifices sur le fond brumeux qui les entoure. Autrement ces édifices manqueraient totalement de silhouette, seraient sans forme et sans relief. Le génie de l'Orient se fait déjà sentir en Russie, il dédaigne la simplicité et se plaît dans les formes compliquées et exagérées. Le Slave aime ce qui brille. Les couleurs éclatantes le séduisent et l'attirent.

Dans l'extrême Nord, au contraire, l'air vif, léger, transparent, permet d'atteindre un résultat aussi favorable avec l'emploi de combinaisons moins recherchées ; les races scandinaves sont modestes.

Voyez ; les seuls ornements que nous trouvions dans les bâtiments norwégiens ce sont les découpures faites sur le prolongement des pièces de bois qui forment la charpente et qui dépassent le toit. Ces découpures rappellent vaguement la proue des barques que montaient les ancêtres des habitants actuels de la Norwège « les rois de la mer », quand ils allaient, en véritables forbans, semer au loin la terreur, et ravager les côtes de l'Angleterre et de la France.

Une grande cour s'étend entre tous ces bâtiments et les isole ; au milieu est un puits avec quatre auges entourant la margelle et servant d'abreuvoirs.

Près du logement des maîtres, ce petit pavillon tracé sur le dessin et soutenu par quatre piliers, abrite la cloche qui annonce les occupations de chaque heure ; elle sonne le réveil et le coucher, indique le moment des repas, prévient de l'arrivée d'un étranger, appelle le maître ou réunit les serviteurs.

— A défaut de cloche, dit M$^{me}$ de Charly, voici la pendule qui nous dit qu'il est l'heure d'aller dormir : Nous oublions que M. Aubair est souffrant et qu'il doit se ménager, nous aurons le temps et l'occasion de reprendre l'examen de vos dessins, pour l'instant, nous voulons vous souhaiter une bonne nuit.

# CHAPITRE VII

### DE QUELS BATIMENTS DEVRA SE COMPOSER LA FERME NEUVE. APPARITION DE M. MORLOT.

La nouvelle ferme devait comprendre :
Un bâtiment d'habitation pour le fermier et sa famille.
Un bâtiment destiné aux serviteurs de la ferme.
Une étable pour 24 vaches et bœufs.
Une bergerie pour 200 moutons.
Une écurie pour 12 chevaux.
Une porcherie pour 16 porcs.
Les greniers à fourrage nécessaires pour contenir les approvisionnements nécessaires à la nourriture de ces bestiaux.
Une grange avec ses dépendances.
Une remise avec sellerie.
Un hangar pour les charrettes, instruments aratoires, pompe à incendie, bascule.
Une laiterie.
Une buanderie avec four.
Une basse-cour et un colombier.
Un abreuvoir avec une fontaine.

Enfin, de vastes emplacements, ménagés tout à l'entour des bâtiments, pour y placer dans de bonnes conditions le fumier, les silos, la porcherie; pour isoler les diverses constructions les unes des autres et y utiliser pour le jardin un espace de cinquante ares environ.

Le but que l'on doit se proposer quand on construit une habitation, c'est la convenance de ceux auxquels elle est destinée. C'est pourquoi, dès le lendemain, M. de Charly invita son fermier à déjeuner, et lui demanda d'expliquer à son architecte ses désirs au sujet de sa maison future.

M. Morlot était un homme d'une quarantaine d'années, à la figure intelligente, grand, fort, le visage caché dans un collier de favoris roux, les cheveux coupés ras, le teint hâlé, demi-bourgeois, demi-paysan. Il avait fait toilette pour se rendre à l'invitation de son « Monsieur », comme il disait, et portait un habillement de gros drap bleu, fort propre, une chemise d'une blancheur irréprochable et des souliers soigneusement cirés.

— La première chose à laquelle il faut songer, dit M. de Charly, c'est l'exposition : la meilleure est le levant, ce me semble, à la condition que nous pourrons nous abriter, autant que possible, des coups de vent. Qu'en pensez-vous, M. Morlot?

— Certainement, dit le fermier, une bonne exposition n'est pas à dédaigner, mais il y a d'autres considérations qui sont au moins aussi importantes et qu'il faut faire entrer en ligne de compte !... Ainsi, tenez, vous-même, M. de Charly, quand vous avez fait bâtir le château, vous n'avez pas pris la meilleure exposition : vous avez tourné juste votre façade principale au vent du N.-O. qui est froid et vous amène la pluie.

— C'est vrai, mon ami, dit le propriétaire, en riant; nous avons été obligés de nous orienter ainsi à cause de la vue de la vallée dont nous voulions profiter.

— Le fait est qu'elle est belle, et je voudrais pouvoir me dire propriétaire de tout ce qu'on aperçoit d'ici, dit M. Morlot en jetant un coup d'œil de connaisseur sur les champs, les prés et les bois qui se déroulaient au pied de la colline, et qu'on entrevoyait par les fenêtres ouvertes ; ça ferait un joli lopin de terre. Moi aussi, j'aimerais à être libre de tourner ma maison comme bon me semble ; mais pas du tout : il est essentiel que, de la salle où ma femme se tient toute la journée, on puisse avoir l'œil sur ce qui se passe dans la cour. D'un autre côté, il n'est pas mauvais qu'on surveille les allants et venants ; ceux qui entrent ou sortent. Il faut donc que, de la fenêtre de mon bureau, on ait vue sur la porte de la ferme. Rien n'intimide les gens malintentionnés, comme de voir une fenêtre d'où on peut les guetter. Cette porte doit être forcément près du grand chemin, afin qu'on n'ait pas un trop long détour à faire pour arriver chez nous ; vous voyez donc bien que nous ne sommes pas tout à fait libres d'orienter la maison comme nous le voudrions. Maintenant, une fois ces conditions-là remplies, qu'on nous donne la meilleure exposition possible, je ne demande pas mieux. Une bonne exposition est plus agréable sous tous les rapports, plus gaie et plus favorable à l'entretien de la santé.

— Qu'il soit fait comme vous voudrez, M. Morlot, c'est vous qui devez habiter la maison.

— Et de quelle clôture entourerez-vous la ferme, monsieur, reprit le fermier ?

— Une haie, précédée d'un saut de loup, est aussi sûre qu'un mur, mais demande plusieurs années avant d'acquérir une épaisseur suffisante ; aussi je pencherais pour un mur.

— Je le préfère aussi : les poulettes ne sauraient le franchir, et le renard non plus. Tant qu'une haie n'est pas bien fournie, les petits maraudeurs trouvent moyen de la franchir et de se faufiler à l'intérieur. Les produits de la ferme ne sont pas marqués ; si on enlève de la volaille, des lapins, des œufs, du grain, du lait, des fruits, allez donc courir après ! Un bon mur, avec une seule porte près de la maison, me défendra mieux des voleurs.

— On vous fera un mur, M. Morlot, c'est entendu. Maintenant, dites-nous la quantité de pièces que vous désirez pour votre logement, les dimensions qu'elles doivent avoir, et la manière dont vous aimeriez qu'elles fussent disposées, dit M. Aubair.

— Voilà un monsieur qui me va tout à fait, répliqua le fermier, en frappant de la paume de la main sur la table avec satisfaction ; ce n'est pas comme l'architecte qui a construit la ferme de mon beau-frère : il ne lui a pas demandé le moindre avis ; allons donc ! à un paysan !... de sorte qu'il lui a fait une maison de bourgeois, très incommode, avec un tas de petites pièces où l'on n'a pas seulement la place de remuer ses coudes ; et puis d'autres trop grandes où l'on se perd ; un salon, une salle à manger ! que sais-je ? Nous ne sommes pas des messieurs de la ville, nous autres ; les choses doivent être faites à notre mode pour nous plaire.

— C'est trop juste, et il faut, avant tout, qu'une habitation convienne aux goûts et aux habitudes de celui qui doit y vivre. Nous devons employer les connaissances que nous possédons à renseigner nos clients, à les éclairer, mais non à nous substituer à eux et mettre nos idées à la place des leurs. La maison est pour vous, c'est à vous à nous dire comment vous voulez qu'elle soit faite.

— A la bonne heure ; voilà qui est bien raisonné. Quand j'achète des bottes, je suis bien aise qu'elles m'aillent, et, si elles sont trop étroites, ce n'est pas le bottier qui a mal aux pieds. C'est la même chose pour une maison, si elle n'est pas bien distribuée, ce n'est pas celui qui l'aura bâtie qui en souffrira. Mais avec vous, se hâta d'ajouter le fermier, je vois que nous nous arrangerons facilement.

M. Morlot, nous l'avons dit, était un homme intelligent. Il s'entendait merveilleusement à estimer une récolte et à calculer ce qu'il devait semer dans cette pièce de terre et dans cette autre, de manière à équilibrer ses produits. Il tenait ses livres dans un ordre parfait, savait arpenter ses terres, et avait même fait le plan de toute son exploitation.

— Nous ne sommes plus, disait-il, au temps où un fermier ne savait que conduire la charrue et faire la litière de ses bêtes. Ce n'est pas que je méprise cette besogne et que je ne puisse la faire au besoin ; il m'est arrivé plusieurs fois de donner une leçon à mes domestiques ; mais aujourd'hui, un cultivateur doit être capable de faire autre chose. Il faut qu'il connaisse le cours des marchés voisins, qu'il sache sur lequel de ces marchés il est le plus profitable de diriger ses produits ; quels sont ceux qui sont le plus en faveur dans la contrée. Il est utile aussi qu'il étudie les engrais. L'élevage des bestiaux demande encore un apprentissage spécial : il faut connaître les diverses races, les qualités de chacune d'elles ; puis être au courant de l'offre et de la demande, afin de savoir profiter du moment favorable pour vendre ou acheter.

C'est comme pour les vins : chaque jour, on voit apparaître de nouveaux modes de culture, de taille, de pressurage et de soutirage ; il est bon de s'enquérir des procédés qu'on peut appliquer chez soi. Je vous assure que je ne passe pas mon temps à me croiser les bras. Il me faut constamment lire de gros livres, des journaux d'agriculture ; causer avec les uns et avec les autres pour savoir ce qu'il y a de neuf, et ne pas négliger, pendant ce temps-là, la direction de l'exploitation, ni l'entretien des bâtiments.

De son côté, ma femme ne flâne pas non plus ; c'est elle qui fait marcher les travaux de la maison, qui dirige la bonne organisation intérieure, soigne les bêtes, veille à l'exécution des ordres que je donne. Il ne faut pas croire que les écus que nous remettons au bourgeois, viennent tous seuls à ma caisse ; ils ne mettent guère de bonne volonté à s'entasser les uns sur les autres, je vous assure.

Le fermier, on le voit, aimait à causer et même à se faire valoir. M. de Charly, malgré ces travers auxquels il était habitué, avait pour lui beaucoup d'estime et la plus grande confiance.

— Eh! bien, mon ami, lui dit-il, c'est grâce à ces écus, si difficilement amassés et si fidèlement versés, que je peux reconstruire la ferme. Encore une fois dites-nous donc comment vous voulez votre maison.

## CHAPITRE VIII

M. MORLOT INDIQUE COMMENT IL VOUDRAIT QUE FUT DISPOSÉE SA MAISON.

— Naturellement, depuis que vous m'avez parlé de vos projets, l'année dernière, je n'ai pas été sans penser à leur réalisation ; nous avons causé nous deux ma femme, car je me doutais que vous me demanderiez mon avis. Voilà donc ce que je voudrais, sauf votre bon plaisir, bien entendu.

J'aimerais une maison ni trop grande, ni trop petite ; avec de hautes et larges fenêtres laissant entrer le jour, l'air et le soleil ; maintenant quant aux pièces.......

— Commençons par le commencement, dit M. Aubair, et parlons de l'antichambre.

— D'abord, je n'ai pas besoin d'antichambre ; on n'attend pas chez nous comme chez un bourgeois ; on entre tout droit et il n'y a pas de domestiques pour vous faire faire antichambre. On les emploie à meilleur ouvrage. Ce qui serait plus utile qu'une antichambre, toujours difficile à tenir propre, ce serait un porche ouvert, comme celui qui est devant notre église. L'air y pénètre sans gêne et sans obstacle. Quand il fait chaud ou quand il pleut, on s'arrête là-dessous pour regarder le mouvement des gens qui vont et viennent devant la porte ; les ouvriers y attendent, à l'abri, le moment de la paie. On y dépose ses bottes et ses sabots avant d'entrer ; on s'y abrite pour descendre de voiture ou pour monter à cheval. Un seau d'eau à terre, un coup de vent, c'est propre et sec.

Au lieu d'antichambre, je voudrais une petite salle dans laquelle on placerait un lavabo, un porte-manteau pour les gros vêtements et un râtelier pour les fusils : quand on revient de la chasse, un imprudent peut oublier de décharger le sien ; un maladroit, un enfant, le prend sans défiance, le coup part, et voilà un malheur arrivé. Les fusils une fois au râtelier, le maître peut s'assurer lui-même de leur état ; et, après le dîner, si les jambes de quelque chasseur deviennent mal assurées, celui-ci du moins ne court aucun risque de se blesser lui-même ou de blesser les autres.

Maintenant, il me faut un bureau : c'est là que je tiendrai mes comptes et que je règlerai mes affaires. N'oubliez pas, s'il vous plaît, monsieur l'architecte, de réserver, dans le mur du porche auquel cette pièce sera adossée, un petit guichet par lequel je pourrai passer aux ouvriers, la somme qui leur revient, sans que j'aie besoin de les faire entrer dans mon bureau.

Mais, monsieur, par exemple, je n'ai pas besoin d'une cuisine et d'une salle à manger. C'est ma femme et mes filles qui font la cuisine, en même temps que les autres ouvrages ; et ça ne leur serait pas commode d'aller à chaque instant d'un endroit à l'autre. Il nous faut une grande pièce, la salle, ou « la maison », comme nous disons chez nous, qui sert à la fois de cuisine, de salle à manger et de lieu de réunion.

— Je vous comprends, dit M. Aubair, qui dessinait tout en écoutant, car après déjeuner on était passé dans le cabinet de M. de Charly ; nous mettrons, à côté de cette pièce, une office pour ranger les provisions, et une laverie où l'on fera les gros ouvrages malpropres qui pourraient salir la salle.

— C'est cela; je voudrais aussi un endroit où les enfants pussent jouer à couvert, sans être toujours dans les jambes de tout le monde, au risque de recevoir une chaudière ou une marmite d'eau bouillante. Nous-mêmes, les soirs d'été, quand l'ouvrage est fini, nous pourrions nous y asseoir pour nous reposer et prendre le frais.

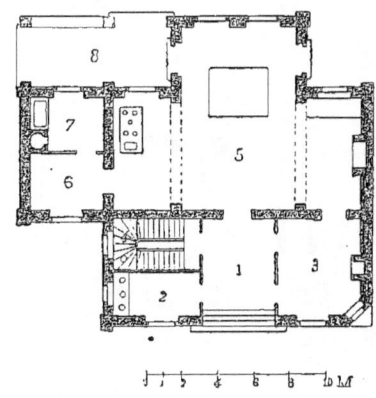

Fig. 25. — Plan de la maison du fermier (rez-de-chaussée).

1. Porche.
2. Vestiaire.
3. Bureau.
4. Privés.
5. Salle.
6. Office.
7. Laverie.
8. Galerie.

— Très bien, dit l'architecte, crayonnant toujours.

— N'oubliez pas que, des fenêtres de cette salle, on doit voir toute la cour, la porte de la ferme, celles des écuries; car il est utile que chacun sache que l'œil du maître est sur lui.

— Bon; voilà qui est compris. Passons aux chambres à coucher.

— D'abord une grande chambre à deux lits, avec deux ou trois grandes armoires pour serrer nos nippes et notre linge; avec une cheminée pour le cas où l'on serait malade, car autrement nous n'habi-

Fig. 26. — Maison du fermier (intérieur de la grande salle).

tons guère nos chambres que la nuit. De cette chambre aussi, on doit voir la cour, afin de pouvoir y jeter un coup d'œil dès le matin. A côté de cette chambre, celle de nos filles ; puis une autre pour les garçons.

— Il vous en faudra bien encore une pour les parents ou les amis qui viendraient vous voir.

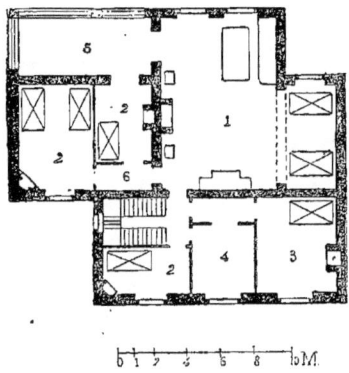

Fig. 27. — Plan de la maison du fermier (premier étage).

1. Chambre des maîtres.
2. Chambres des enfants.
3. Chambre d'ami.
4. Lingerie.
5. Galerie.
6. Dégagements.

— En effet.

— Et les domestiques ?

— Les servantes coucheront près de nous ; les bouviers, vachers, charretiers et garçons de ferme, à l'écurie ou à l'étable. Quant aux autres, je préfère qu'ils ne demeurent pas sous notre toit. Ce n'est plus maintenant comme autrefois, où l'on gardait longtemps les mêmes gens ; on en change continuellement et on ne sait jamais au juste à qui on a à faire.

— Nous leur construirons un logement à part, dit l'architecte qui n'avait cessé de travailler. Et à présent, dites-moi si j'ai bien compris vos explications.

En parlant ainsi, l'*architecte* plaça devant M. Morlot plusieurs feuillets de papier.

— Ah! ça, mais il faut que vous soyez sorcier, s'écria celui-ci après

Fig. 28. — Maison du fermier (façade sur le chemin).

les avoir examinés, pour avoir si bien deviné ce qu'il me fallait, et en avoir fait un plan d'avance.

— Je ne l'avais pas fait d'avance.

— Comment donc! ce n'est pas pendant que je parlais, j'imagine?

— Mon Dieu! si.

— Eh! bien, par exemple, vous pouvez vous vanter d'être un habile homme. Mais, c'est que tout y est! Regardez donc, M. Roger, continua le fermier en s'adressant au jeune garçon qui, émerveillé, lui

Fig. 29. — Maison du fermier (intérieur de la chambre à coucher).

aussi, se penchait sur son épaule pour mieux voir. Regardez donc (fig. 25), voici le porche, le vestiaire, le bureau, la grande salle.

— Avec la table au milieu et le couvert mis, ajouta Roger ; et la cheminée, là à droite (fig. 26).

— Et des fenêtres de trois côtés par lesquelles on pourra voir la

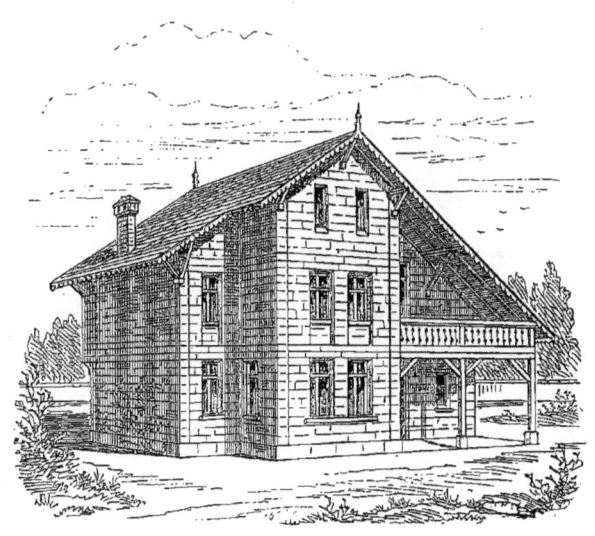

Fig. 30. — Maison du fermier (façade sur la cour).

cour tout entière. Une porte sur la cour, une autre sur le porche, une autre sur mon bureau.

— Et la galerie couverte, pour les enfants.

— Rien n'est oublié ; ma foi, je le répète, vous êtes un habile homme.

— Et tenez, M. Morlot, continua Roger, en prenant un autre dessin que M. Aubair venait de placer sur la table ; voilà aussi le plan du premier étage (fig. 27). Ici c'est votre chambre ; elle se trouvera juste au-dessus de la grande salle.

— C'est pourtant vrai ! (fig. 29.) Avec ses deux lits, bien abrités et la cheminée, en face, fit M. Morlot jetant les yeux alternativement sur le plan et sur la légende placée au bas, pour l'expliquer. Et ses nombreuses fenêtres qui, comme celles de la salle, facilitent la surveillance. Ma foi, je n'ai jamais été si étonné !

— Je ménagerai deux ou trois chambres, dans les combles, pour les servantes, et quant aux hommes, on leur fera un petit bâtiment à part, comme vous le désirez, ajouta en terminant M. Aubair. Et tout en causant, il achevait les croquis des façades de la maison du fermier (fig. 28 et 30).

## CHAPITRE IX

L'EMPLACEMENT DE LA FERME NEUVE.

— Allons examiner le terrain sur lequel doit s'élever la ferme, dit M. Aubair à Roger. J'ai besoin pour faire mon plan d'ensemble de savoir au juste où doit passer le canal qui nous amènera l'eau.

— Quelle eau? demanda Roger.

— Mais celle qui doit pourvoir aux besoins de la ferme. Nous nous servirons, à cet effet, du petit ruisseau qui descend du Montagnot, et nous l'amènerons dans un château d'eau ou réservoir, que nous élèverons au milieu de la cour (fig. 31).

— Il faudra une machine pour la faire arriver là.

— Ce ne sera pas nécessaire. J'ai remarqué que le ruisseau descend de la montagne avec un courant assez rapide, ce qui prouve que la source qui l'alimente vient d'un peu haut. Il suffira de capter les eaux au point où elles sortent de terre et de les faire descendre par un petit canal souterrain pour qu'elles reprennent leur niveau.

— Mais, quand elles seront descendues, insista Roger, comment s'y prendra-t-on pour les faire remonter ?

— Tu le demanderas à ton professeur de physique. Je te dirai seulement que nous sommes assez en contre-bas pour que l'eau atteigne sans

84 HISTOIRE D'UNE FERME.

la moindre difficulté notre réservoir. Une fois là, nous la distribuerons à notre aise dans la maison du fermier, dans la buanderie, dans la cour, dans le jardin, dans les différents bâtiments où elle sera nécessaire, au besoin nous la ferons monter à l'aide d'une pompe.

Fig. 31. — Château d'eau.

— Le fait est que c'est très utile d'avoir de l'eau : l'année dernière, l'été a été si chaud et si sec que M. Morlot était obligé d'envoyer ses bêtes boire aux Fontenottes.

— Non seulement il faut de l'eau, mais il faut encore qu'elle soit de très bonne qualité : les animaux, en général, sont comme les cochons de la fermière de Blangy, ils aiment l'eau propre. Les chevaux, surtout, ne se décideraient jamais à boire de l'eau trouble. L'eau claire est indispensable à leur santé ; il faut donc nous arranger pour les satisfaire.

— Et quand le ruisseau ne donnera pas assez d'eau, comme cela

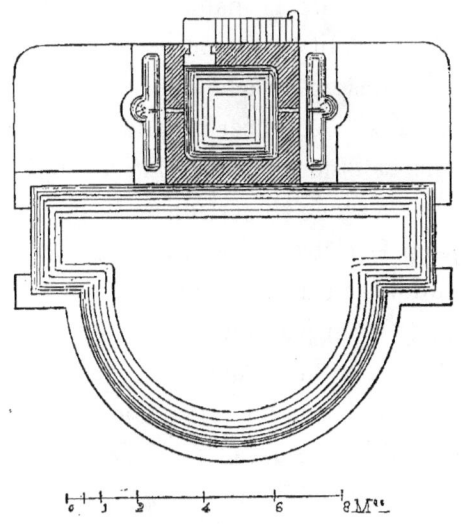

Fig. 32. — Plan de l'abreuvoir.

lui arrive quelquefois, en été, juste au moment où on en a le plus besoin?

— Nous aurons un réservoir (fig. 32) qui s'emplira au moment où l'eau sera abondante; de plus, nous recueillerons les eaux pluviales tombant sur les toits et nous les réunirons dans des citernes ménagées sous le sol, ou à ciel ouvert.

— A la bonne heure, je vois que les bêtes de M. Morlot ne seront pas exposées à mourir de soif, ni les légumes de madame Morlot à dessécher sur pied.

Tout en parlant, M. Aubair avait examiné avec soin le terrain, et prenait des notes sur son carnet.

— Ici, disait-il, du sable : bien. Là, de la terre argileuse : mauvais. A présent, la roche : voilà qui vaut mieux.

Vois-tu, mon ami, continua-t-il, la première chose à faire, avant de bâtir, c'est de s'assurer de la nature du terrain dont on dispose, autrement, on s'exposerait à de cruels mécomptes.

Si nous élevions nos constructions sur un sol trop peu résistant, elles seraient exposées à s'enfoncer inégalement, ce qui en disjoindrait les parties. Si nous bâtissions sur l'argile, ce serait bien autre chose, nous risquerions de les voir glisser sur un lit de savon.

— De sorte qu'après s'être endormi en haut de la colline, dit Roger en riant, on se réveillerait un beau matin, au fond de la vallée.

— Tu dis vrai, tout en plaisantant. Des catastrophes de ce genre n'arrivent que trop souvent. Tout récemment en Suisse un village a disparu ainsi, enseveli sous une montagne qui avait glissé sur un lit d'argile. La plupart des hommes étaient allés travailler à quelque distance, laissant à la maison, leurs femmes et leurs enfants; tu juges de leur retour ! Il ne faut pas édifier notre ferme sur une base si dangereuse.

— Je le crois bien !

— Par bonheur, sauf en deux endroits, nous trouverons, je crois, le bon sol à une faible profondeur.

## CHAPITRE X

### UNE EXCURSION EN HOLLANDE ET EN BELGIQUE.

Lorsque la soirée eut, de nouveau, réuni tout le monde au salon, Roger et sa mère remirent sur le tapis la question des fermes étrangères. M. Aubair, très heureux de céder à leurs désirs, envoya le jeune garçon chercher un album, laissé dans sa chambre.

— Nous voilà en Hollande, dit-il en l'ouvrant. C'est une contrée dans laquelle la nature offre un caractère tout particulier. Ordinairement, quand on s'approche de la mer, on descend; en Hollande, il faut monter, car presque tout le pays est au-dessous du niveau de la mer.

On dirait une grande cuvette ; et cette cuvette n'est préservée des envahissements de la mer que par des digues extrêmement puissantes, qui lui servent en quelque sorte, de rebords. Vous devez penser si le pays est humide.

Mais, en revanche, cette humidité est favorable au développement de la végétation. La Hollande forme comme un immense tapis vert où paissent d'innombrables troupeaux de vaches blanches et noires. On y récolte des céréales, des betteraves, du tabac, du lin, des fruits. Aussi les fermes hollandaises ont-elles une grande importance ; mais leur trait caractéristique est d'être tenues avec un soin et une propreté souvent portés à l'excès.

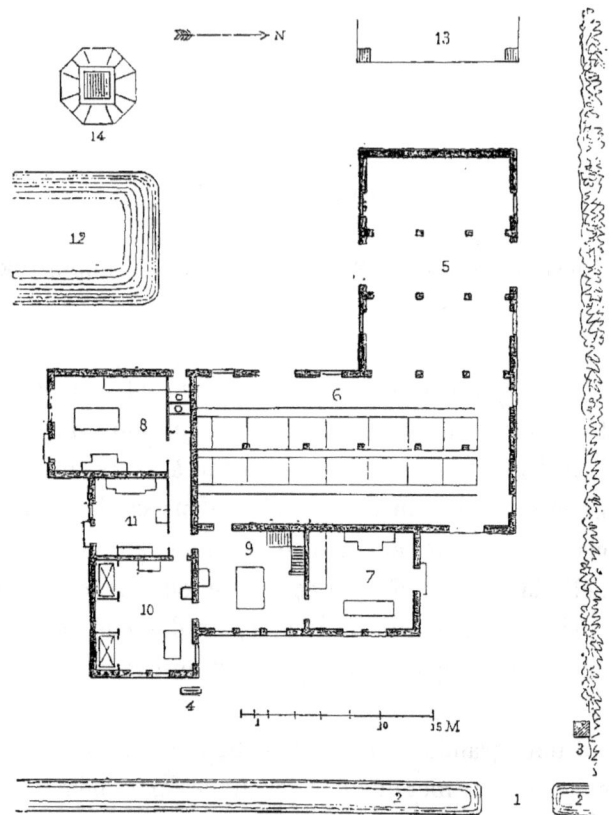

Fig. 33. — Plan de la ferme de Vauhagen (Hollande).

1. Ponteeau.
2. Rigole de clôture.
3. Fanol.
4. Pompe.
5. Grange.
6. Étable-écurie.
7. Cuisine d'hiver.
8. Cuisine d'été.
9. Salle.
10. Chambre à coucher.
11. Chambre d'honneur.
12. Canal.
13. Abri pour meules.
14. Moulin à vent.

— Puisque vous avez été en Hollande, dites-nous donc s'il est vrai,

Fig. 34. — La ferme de Vauhagen (Hollande).

demanda M^me de Charly, que, dans les environs de Broeck, les habitants poussent l'horreur de la poussière au point d'envoyer les domestiques battre et brosser les habits de leurs maîtres dans la campagne ; et qu'un endroit spécial est désigné à cet effet. Est-il vrai qu'il est interdit de fumer dans les rues et qu'au seuil de chaque maison, se trouve une petite boîte dans laquelle on dépose les feuilles sèches tombées des arbres? Est-ce vrai enfin, ajouta M^me de Charly en riant, que, dans les étables, la queue des vaches est fixée au plafond et soutient un petit panier qui empêche les immondices de salir le sol ou l'animal lui-même ?

Tout le monde riait, Roger surtout.

— Il y a de l'exagération dans ces récits, dit M. Aubair; mais, très peu. En tous cas, dans la petite ville dont vous parlez, les trottoirs sont revêtus de faïence ; et les rues, dallées de briques, sont interdites aux chevaux et aux voitures.

— Ce doit être bien commode ! dit Roger.

— Voilà qui prouve une fois de plus que l'excès en tout est un défaut, dit M^me de Charly; mais revenons à la ferme dont nous parle M. Aubair ; là, la propreté ne saurait être exagérée.

— L'aspect d'une ferme hollandaise vous plairait, chère madame, les abords en sont tenus comme des allées de jardins. Pas de tas de fumier, de dépôts d'ordures ; pas d'animaux errants, de chars en mauvais état, de débris de toutes sortes abandonnés au hasard, triste spectacle qu'offrent trop souvent les fermes de notre pays! Là, tout est en ordre, tout respire un air de richesse et de prospérité agréable à voir.

La ferme dont je vous montre les dessins est située près de Vauhagen dans la Frise.

On passe d'abord sur le pontceau ou petit pont que voilà, dit M. Aubair en indiquant un point du plan (fig. 33); la ferme, en guise de mur, étant entourée d'un petit canal.

Fig. 85. — Intérieur d'une chambre à coucher (ferme de Vauhagen) (Hollande).

Fig. 36. — Intérieur d'une maison de paysans bretons.

— L'eau ne doit pas être rare dans un pays aussi creux, dit Roger.

— Non; et les canaux ont même longtemps formé les principaux moyens de communication. La Hollande en est sillonnée et souvent ils coulent au-dessus du sol entre deux hauts talus.

Cette ferme se compose, comme vous le voyez, de plusieurs corps de logis que recouvre un immense toit, aux formes tourmentées (fig. 34).

— Et quels sont ces oiseaux que je vois perchés sur le haut de la maison, demanda Roger?

— Ce sont des cigognes. Elles passent l'hiver dans le Midi, et au printemps elles retournent dans les pays du Nord.

— Comme nos hirondelles.

— Oui; et comme nos hirondelles aussi, elles choisissent de préférence, les habitations pour y construire leurs nids, et reviennent à celui qu'elles ont quitté l'année précédente. Leur présence, dit-on, porte bonheur à la maison, aussi ne sont-elles jamais inquiétées.

— Toujours comme nos hirondelles.

— A mon arrivée à la ferme, on m'a d'abord introduit dans la grande salle. Là, se tenait la ménagère entourée de ses filles et de ses servantes. Les unes cousaient, les autres nettoyaient les casseroles de la cuisine ou les ustensiles de la laiterie. Elles faisaient briller ces objets d'un tel éclat que j'aurais été tenté de partager l'avis de ce voyageur anglais qui écrivait, il n'y a pas longtemps, que la batterie de cuisine des fermes hollandaises était en or, au lieu d'être en cuivre, comme on est habitué à le voir.

La fermière se leva pour venir au devant de nous, mais ses filles continuèrent leur travail, toutes avaient une tenue dont n'approchent pas nos paysannes, même dans leurs atours du dimanche. J'avais déjà remarqué ce luxe de toilette chez les paysannes rencontrées sur la route.

Fig. 37. — Un moulin à vent en Hollande.

— On dit, en effet, interrompit M^me de Charly, que le costume des Hollandaises est très joli, très riche et très recherché.

— Riche et recherché, c'est incontestable ; mais joli, c'est autre chose. Ainsi, elles portent sur la tête une coiffure formée de plaques d'or cachant leurs cheveux ; et, de chaque côté des yeux, sont appliqués des bijoux bizarres, sortes de tire-bouchons en or et en argent.

— Ce doit être, en effet, plus extraordinaire que beau.

— La grande salle, reprit l'architecte, était ornée de bahuts pleins de vieilles faïences ; aux murs étaient accrochés des plats, des assiettes, des armes, des instruments d'arpentage entretenus avec soin. On y voyait aussi des rayons chargés de livres, des dessins représentant des faits d'armes, et principalement des combats navals, car les Hollandais (ceci soit dit à l'adresse de Roger) se sont souvent distingués sur mer.

A chaque instant une servante, à tour de rôle, quittait son ouvrage pour aller voir les animaux dont j'entendais les mugissements : l'étable était adossée à la grande salle et communiquait directement avec elle.

— En voilà une idée ! s'écria Roger. Pour des gens si forts sur la propreté !

— La propreté n'a pas à souffrir du voisinage de l'étable, car cette étable est aussi bien tenue que la salle elle-même. Le fumier n'y séjourne jamais, et la paille de la litière est formée d'épaisses nattes tressées qu'on enlève chaque fois que cela est nécessaire.

— Tout, dans la ferme, est-il tenu avec le même soin minutieux ? dit M^me de Charly.

— Oui, Madame. La chambre des maîtres est meublée de grands lits logés dans des alcôves et se fermant avec de grands rideaux (fig. 35).

— C'est une coutume en usage dans plusieurs de nos provinces, et que je n'aime pas du tout, dit M^me de Charly.

— Elle n'est pas saine en effet, et exige une méticuleuse propreté

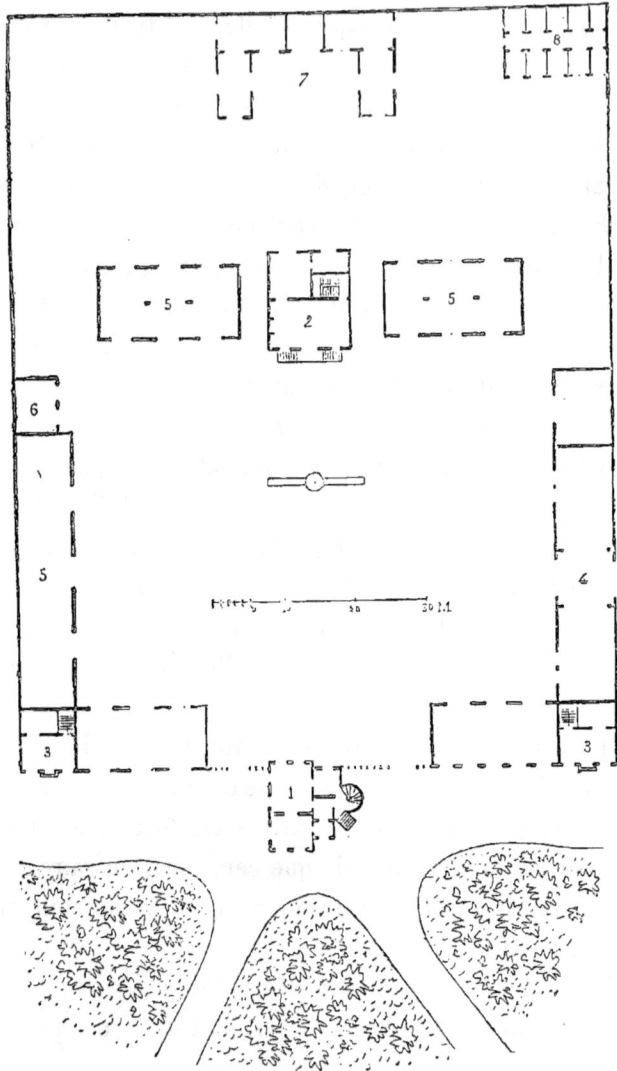

Fig. 38. — Plan de la ferme d'Arlon (Belgique).

1. Habitation du propriétaire.
2. Habitation du fermier.
3. Habitation des ouvriers.
4. Grange.
5. Étables-écuries-remises.
6. Hangar.
7. Bergerie.
8. Porcherie.

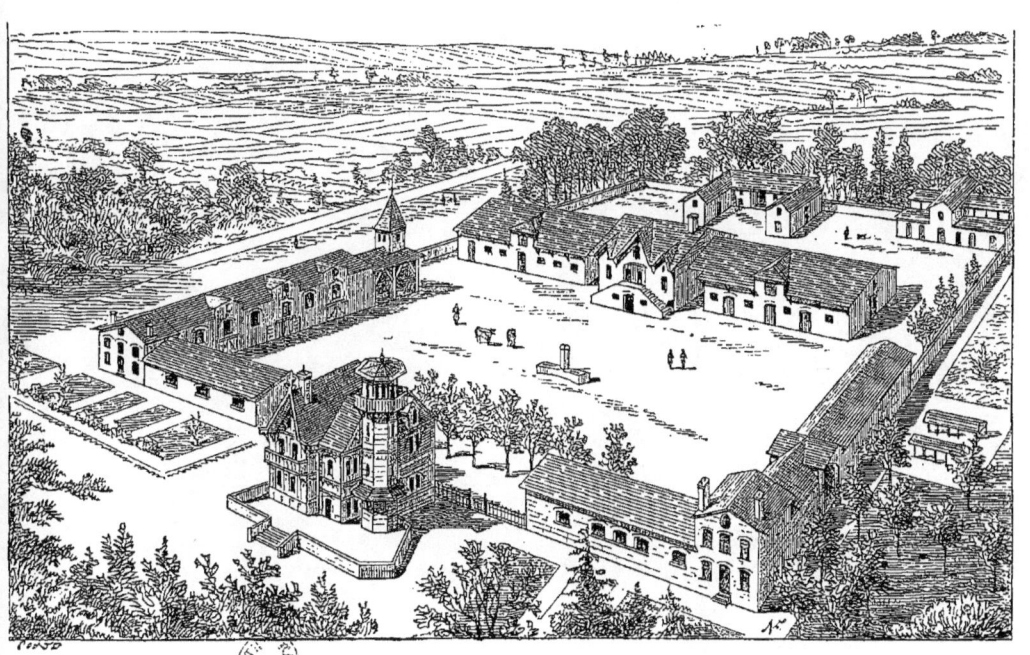

Fig. 39. — Ferme d'Arlon (Belgique).

que ne connaissent pas nos paysans bretons. Leurs lits sont disposés d'une manière analogue mais encore moins favorable (fig. 36).

On voyait, dans la chambre hollandaise, des sièges à hauts dossiers, de grands bahuts, remplis de plats et de soupières; des pièces de faïences, de Delft ou de diverses provenances, étaient accrochées à la muraille et égayaient l'appartement; mais les plus riches décorations étaient réservées pour la chambre d'honneur.

— Ah! il y a une chambre d'honneur en Hollande, comme en Russie et en Norwège?

— Oui, Madame; et elle a là encore plus d'importance. La porte de cette pièce vénérée est appelée « porte d'or » et ne s'ouvre qu'à de longs intervalles. On y pénètre seulement aux grands jours de la vie de famille : baptêmes, mariages, enterrements. La maîtresse du logis en a seule la clef et n'y pénètre, en dehors de ces occasions solennelles, que pour y entretenir l'ordre le plus parfait et la propreté la plus scrupuleuse.

— Et ce joli moulin à vent (fig. 37), monsieur, dit Roger qui était toujours en avance pour regarder les dessins. Est-ce celui qui est marqué sur le plan, n° 14?

— Non; ce moulin a été pris dans un autre endroit; mais il y en a un du même genre dans la ferme dont je vous parle. Chaque habitation champêtre a, d'ailleurs, le sien. Ils servent aux usages les plus variés : on les utilise pour moudre le grain, scier le bois, épuiser les canaux en cas d'inondation, les remplir en cas de sécheresse; ils sont sans cesse en mouvement. On voit, de loin, dans la campagne, leurs grandes ailes se mêler à la verdure et l'on entend, de tous côtés, leur joyeux tic-tac.

— Cela doit donner de l'animation et de la gaieté, dit M$^{me}$ de Charly, et, pour ma part, je regrette la disparition des moulins à vent qui couronnaient si bien le sommet de nos collines.

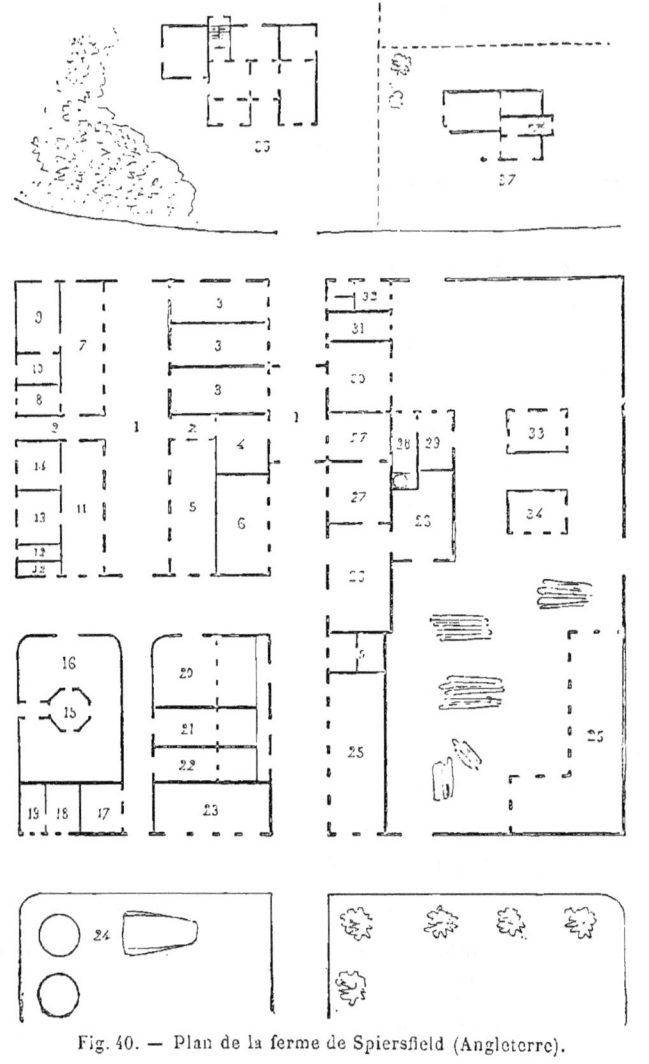

Fig. 40. — Plan de la ferme de Spiersfield (Angleterre).

1. Cour couverte.
2. Passage.
3. Étables à bœufs.
4. Herbes racines.
5. Animaux à l'engrais.
6. Abris pour chars.
7. Porcherie.
8. Cuisine des porcs.
9. Écurie des chevaux.
10. Voiture du maître.
11. Vaches laitières.
12. Chevaux séparés.
13. Veaux.
14. Fourrages.
15. Machine à battre.
16. Cour d'isolement.
17. Engrais artificiels.
18. Boucherie.
19. Viandes préparées.
20. Bergerie.
21. Étalon.
22. Taureau.
23. Matériel agricole.
24. Meules.
25. Remises.
26. Magasins de grains.
27. Machine à vapeur.
28. Foyer.
29. Scierie.
30. Moulin.
31. Magasin.
32. Bureaux.
33. Forge.
34. Charpentiers.
35. Cuisine des ouvriers.
36. Logement du régisseur.
37. Logement du fermier.

Fig. 41. — La ferme de Spiersfield (Angleterre).

Après la ferme hollandaise, M. Aubair fit examiner le plan d'une ferme située en Belgique dans la province de Luxembourg.

— Oh ! mais voilà un château, dit Roger.

— Pas absolument, mais une jolie maison de campagne que le propriétaire vient habiter pendant la belle saison. Ce n'est pas lui qui cultive, il loue sa terre à un fermier, dont la demeure est ici, au milieu de la cour, n° 2 du plan (fig. 38).

Les constructions n'ont pas de caractère ; ce sont de grands bâtiments percés de fenêtres, construits avec économie, et entourés d'un mur de clôture qui en défend les approches ; mais ils sont très bien disposés pour le rôle qu'ils ont à remplir (fig. 39).

Les fermes belges sont parfaitement tenues et de grand rapport ; on y emploie les méthodes perfectionnées : on laboure à la vapeur, on moissonne à la vapeur, on fauche à la vapeur. Le fermier n'est pas là, comme dans les pays dont je vous ai parlé, un père au milieu de sa famille ; c'est un entrepreneur à la tête d'ouvriers.

Il en est de même en Angleterre. Voilà le plan (fig. 40) d'une ferme de l'Oxfordshire : elle donne assez bien l'idée d'une exploitation de ce genre, de l'autre côté de la Manche.

— Je n'aime pas ces bâtiments construits en désordre, sans la moindre symétrie, dit M$^{me}$ de Charly, en examinant le dessin que M. Aubair lui présentait.

— Ce désordre n'est qu'apparent et tient à l'excessive division des services. Ainsi l'on sépare avec soin, non seulement les animaux de races différentes, mais encore ceux de races semblables, suivant leur âge, leur développement, leurs qualités. Ces constructions sont toujours agencées en vue seule du rôle qu'elles ont à remplir et de l'usage auquel elles doivent répondre. Elles sont reliées entre elles par des galeries couvertes qui traversent les cours et permettent d'aller et de venir de l'une à l'autre à l'abri de la pluie et du brouillard (fig. 41).

— Quelle est cette élégante habitation, sur la gauche?

— C'est celle du régisseur.

— Voilà un fermier bien logé, dit Roger.

— J'ai dit régisseur, et non pas fermier. Le régisseur remplace le propriétaire; il exerce une sorte de surveillance sur les biens; mais ce n'est pas lui qui fait valoir. La demeure du fermier, de celui qui cultive la terre, est plus loin, en arrière (n° 37 du plan).

— Cette ferme tient autant de la fabrique que de l'exploitation agricole. Voyez cette haute cheminée, à droite; ces piles de bois, dit encore M$^{me}$ de Charly.

— C'est que, ainsi que cela arrive souvent en Angleterre, la ferme est doublée d'une usine placée elle aussi sous la surveillance du régisseur et où l'on débite le bois de la forêt voisine : on l'y convertit en planches, madriers, chevrons. Les scies sont, bien entendu, mues à la vapeur, et un chemin de fer emporte au loin les produits des deux établissements.

En ce moment on apportait le thé, et Roger s'empressa de ramasser les dessins étalés sur la table, de peur qu'il ne leur arrivât malheur.

— Eh bien! monsieur, dit-il à l'architecte, laquelle de toutes ces fermes-là allez-vous nous faire?

— Ni l'une, ni l'autre, absolument. On doit bâtir sa maison, comme je te l'ai déjà dit, selon son goût, ses besoins et ses ressources; de même qu'on fait ses vêtements à sa taille. Nous prendrons, dans chacune des fermes que nous avons examinées, ce qui nous semblera bon et ce qui pourra nous convenir; et nous distinguerons ce qui, comme je le disais l'autre jour à ton père, peut être fort bien à sa place dans un autre pays, mais qui n'aurait aucune raison d'exister dans le nôtre.

## CHAPITRE XI

### LES DÉBUTS DE ROGER COMME ÉLÈVE ARCHITECTE.

Une grande pièce, du rez-de-chaussée, avait été mise, par M. de Charly, à la disposition de l'architecte, et convertie par lui en atelier. C'est là que M. Aubair avait réuni les dessins, croquis, notes et renseignements nécessaires au travail qu'il préparait. On l'avait meublée de plusieurs grandes tables sur lesquelles s'étalaient les plans de la propriété de M. de Charly, et ceux que M. Aubair étudiait.

On y trouvait, réunis, tous les instruments nécessaires aux dessinateurs : T, compas, équerres, crayons ; puis des planchettes, des cartons et des feuilles de papier de tout format.

Chaque fois que M. Aubair se retirait dans cette pièce pour travailler, Roger ne manquait pas de le suivre, et prenait grand plaisir à le voir dessiner.

— Ah! ça, lui dit un jour l'architecte, tu ne fais donc rien pendant tes vacances?

— Non. J'ai été malade au commencement de l'été ; j'ai eu la fièvre scarlatine, et le docteur a recommandé à maman de me laisser vagabonder et courir tout à mon aise, pendant les vacances. J'en profite.

— Je m'en aperçois, mais ce bon temps va prendre fin, car aujourd'hui tu vas travailler.

— Travailler, à quoi?

— Sois tranquille; il ne s'agit ni de grec, ni de latin.

— Oh! si c'est pour travailler avec vous, je ne demande pas mieux.

— Eh! bien, commence par te laver les mains.

— Mais je n'ai pas les mains sales, dit l'enfant, un peu décontenancé par cette injonction; je me les suis lavées ce matin; et il regardait ses doigts.

— Moi aussi, je te prie de le croire, ce qui n'empêche pas que je ne me mets jamais au travail sans renouveler cette opération.

— Oui, c'est vrai, je l'ai remarqué, et je ne comprends pas comment vous vous salissez si vite les mains.

— Je ne me les salis pas plus vite que toi; mais, s'il est convenable pour tout le monde d'avoir les mains propres, c'est absolument nécessaire pour nous autres, architectes, qui promenons sans cesse nos doigts sur du papier blanc ou sur des dessins. Nos plans ne sont que trop exposés à être tachés par tous ceux entre les mains desquels ils passent; et c'est bien le moins que nous ne les tachions pas nous-mêmes.

Pendant que M. Aubair parlait ainsi, Roger s'était dirigé vers un petit lavabo installé dans un angle de la pièce, et procédait aux ablutions prescrites.

— Bien, continua l'architecte! maintenant tu vas prendre une de ces planchettes et tu étendras dessus une feuille de papier blanc. Pour bien la tendre, tu humecteras cette feuille, à l'envers, et tu en colleras les bords, les bords seulement, sur la planchette; il faut que ce soit fait avec grand soin.

Roger se mit à l'ouvrage, et au bout d'un quart d'heure il présenta la planchette à M. Aubair.

— Ce n'est pas mal pour un début, dit celui-ci ; cependant il y a des plis sur les bords et le papier ne se tendra pas bien régulièrement. Tu feras mieux une autre fois. En toutes choses, il faut faire un apprentissage ; on n'arrive à rien sans peine et sans travail. Prends une autre feuille de papier et recommence.

L'enfant se remit à la besogne et s'en tira, cette fois, de manière à satisfaire son maître improvisé.

— Allons, dit-il, je crois que tu pourras devenir bon à quelque chose.

— Vraiment ! dit Roger.

M. Aubair continua :

— J'aurais grand besoin de quelqu'un pour m'aider dans les études préliminaires de la ferme, mais ce quelqu'un n'est pas facile à trouver dans un village ; aussi, si tu le veux, je te ferai travailler avec moi et mettrai ta bonne volonté à l'épreuve.

— Oh ! je serais bien content, si je pouvais vous être utile.

A quoi va servir cette feuille collée ? ajouta Roger lorsqu'il eut mis la planchette sécher à plat, comme M. Aubair le lui avait indiqué.

— A dessiner le plan de la maison de M. Morlot, ou d'un autre bâtiment de la ferme. On en distinguera les différentes parties par des teintes, comme on l'a fait pour les plans que tu vois étalés là ; de manière à ce que l'œil s'en rende compte plus vite et plus facilement.

En tendant la feuille de papier, on la rend unie, ce qui permet aux instruments servant à tracer des lignes, T, règle ou équerre, d'y glisser plus facilement, et on évite aussi que le gondolement produit par l'eau dans laquelle sont délayées les couleurs persiste quand la feuille est séchée.

En parlant ainsi, M. Aubair commença à dessiner pendant que Roger, accoudé sur la table, ne le quittait pas des yeux, fort intrigué par la manœuvre du T, de l'équerre qui glissaient l'un contre l'autre, montant, descendant, et s'arrêtant à peine le temps nécessaire pour laisser le crayon tracer des lignes.

— Quand commencera-t-on à bâtir ? demanda tout à coup Roger.

— Au printemps.

— Au printemps ? Et moi qui croyais que la ferme serait terminée avant l'hiver.

— Pourquoi pas avant la fin des vacances ? dit M. Aubair, en riant.

Roger n'osa pas avouer qu'il avait d'abord espéré qu'il en serait ainsi.

— C'est donc bien long, dit-il, de faire une maison ?

— D'abord, une ferme se compose de plusieurs maisons comme tu dis ; ensuite, une construction aussi importante que celle que nous allons entreprendre nécessite des travaux préparatoires qui ne sont pas même commencés. Il faut, avant de se mettre en besogne, dresser les plans, rédiger les devis, passer les marchés, réunir des ouvriers et des matériaux ; puis drainer, dessécher le sol, s'il est humide, amener l'eau nécessaire, niveler le terrain, soit en enlevant des terres, soit en en rapportant. Il faut aussi chercher un bon chef d'atelier, et ce n'est pas facile à trouver.

— Mais, monsieur, quant au plan, celui de la maison de M. Morlot est déjà fait.

— Comment cela ?

— Vous l'avez dessiné devant nous, l'autre jour.

— Mon ami, ce n'est là qu'un croquis, qu'une ébauche de plan ; un plan véritable est tout autre chose. Il s'agit de se rendre un compte rigoureusement exact de la dimension des pièces, en longueur, largeur et hauteur ; d'indiquer l'emplacement des portes, fenêtres, cheminées ; de calculer l'épaisseur des murs, la résistance des planchers, et de savoir au juste, je te l'ai déjà dit, ce qui doit entrer de matériaux de toute nature dans la construction.

Si habile que tu me supposes, tu dois bien penser que ces opérations ne peuvent se faire en un jour, et encore moins en une heure.

Roger ne répliqua pas, et se remit en silence à regarder travailler M. Aubair. Au bout de quelque temps, poussé par l'instinct d'imitation qu'ont tous les enfants, il prit, sans rien dire, une feuille de papier, un crayon, une règle, des compas, et, s'installant à une table, il essaya de reproduire, de mémoire, le dessin que traçait l'architecte. Il était si profondément absorbé dans son occupation, qu'il n'entendit pas celui-ci quitter sa place et venir se placer derrière lui. Aussi, quand M. Aubair lui adressa la parole, il tressauta, laissant échapper le crayon qu'il tenait à la main.

— Mon cher ami, dit l'architecte, ce que tu fais là ne signifie absolument rien et ne t'apprendra quoi que ce soit, pas même à comprendre ce que je fais, puisque tu traces des lignes dont tu ne connais pas la valeur. Je vais te faire faire un exercice qui pourra t'être utile. Ce n'est que par l'étude et le travail, je te le répète encore, qu'on apprend une chose, et encore faut-il se donner beaucoup de mal pour apprendre la chose la plus simple.

Commence donc par le commencement et, avant de faire un plan, cherche à savoir ce que c'est : tu vas aller lever le plan d'une des pièces du château, du salon ou de la salle à manger, par exemple.

En parlant ainsi, l'architecte mit entre les mains du jeune garçon un décamètre ou mesure de 10 mètres, composé d'un ruban de toile, roulé sur lui-même, enfermé dans une boîte ronde, et sur lequel étaient inscrites toutes les divisions du mètre.

— Prends tes mesures au moyen de cette roulette, ajouta-t-il ; tu me les apporteras et je te montrerai comment on peut les réduire proportionnellement à leurs dimensions véritables, au dixième, par exemple. Tu feras ainsi une chose dont tu pourras retirer utilité et profit.

— Au dixième ? répéta Roger.

— Oui. C'est-à-dire que pour une longueur de un mètre, tu traceras sur ton papier une ligne de un décimètre ; cela nous donnera un dessin très grand, mais, pour une première fois, la tâche sera plus facile. Va donc, et reviens m'apporter ce que tu auras fait. Je t'apprendrai ensuite comment il faut t'y prendre pour représenter sur le papier les mesures trouvées sur place.

En ce moment, Roger aperçut Justin, un des enfants du fermier, et son compagnon habituel, qui rôdait autour du château, dans l'espérance de l'entraîner à une promenade en char dans les prés de la Loire. Mais notre jeune ami n'était pas disposé, pour l'instant, à prendre sa part d'un plaisir dont pourtant il connaissait fort bien les charmes.

— Impossible, dit-il à Justin d'un air quelque peu important, quand celui-ci lui eut fait part de ses projets ; M. Aubair m'a chargé de lever le plan du salon, et je ne peux pas le faire attendre.

— Est-ce que vous voulez devenir architecte ?

— On n'a pas besoin de vouloir être architecte pour apprendre à lever un plan. Papa disait hier que s'il avait eu, dans sa jeunesse, l'occasion de pouvoir, comme moi, écouter les leçons d'un homme aussi instruit que M. Aubair, il aurait appris non comment on construit une maison, mais comment on s'y prend pour mettre deux moellons l'un sur l'autre, et il n'aurait pas laissé construire la grange de ton oncle d'une façon si malheureuse.

Aujourd'hui, comme je te le dis, je vais commencer par lever un plan. Sais-tu ce que c'est, toi ?

— Non. Mais il faut croire que ce n'est pas bien malin, car le père nous a dit l'autre jour, en revenant du château, que le monsieur qui allait reconstruire la ferme en avait fait un en moins de rien, pour notre maison neuve.

— Pas malin ! Eh bien, viens m'aider à lever celui du salon, et tu verras si c'est si malin !

Quelques instants après, les deux amis étaient à l'ouvrage : Justin tenait, appliqué au mur, l'anneau qui termine la décamètre, et Roger le déroulait pour prendre la longueur du salon. Les mesures prises, il se mit à tracer avec plus ou moins de clarté les lignes représentant les murailles, l'ouverture des fenêtres, l'emplacement des portes, de la cheminée. Il s'y reprit à plusieurs fois, et encore ne put-il venir à bout de donner à son croquis l'aspect exact de la réalité ; mais les mesures étaient prises et inscrites ; il alla retrouver M. Aubair.

Justin était appelé à la ferme ; il quitta Roger avec regret. Le travail auquel il venait de se livrer l'avait intéressé non seulement parce qu'il avait à ses yeux un rapport lointain avec la ferme future, mais aussi, il faut bien le dire, parce qu'il avait trouvé une petite satisfaction d'amour-propre, à relever une fois ou deux les mesures prises par Roger.

Quand celui-ci montra le résultat de ses efforts à M. Aubair, ce dernier en parut assez satisfait.

— Cela laisse bien à désirer, dit-il, n'importe ! tu as compris ce que tu avais à faire et tu réussiras mieux une autre fois. Demain, si tu m'en crois, tu joindras au salon la salle à manger, la salle de billard, enfin toutes les pièces du rez-de-chaussée.

Le jour suivant, le jeune garçon se mit de nouveau à l'ouvrage, toujours secondé par Justin.

Le salon, la salle à manger, la salle de billard, occupaient, avec le cabinet de M. de Charly, la façade principale de la maison. Cette façade avait, au dehors, 24 m. 10. Quel fut donc l'étonnement de Roger en voyant que les dimensions réunies de ces quatre pièces ne lui donnaient pas cette mesure.

Il refit son addition à plusieurs reprises : $6^m,25$ au salon ; $5^m,70$ à la salle à manger ; 3 $^m$, 80 au cabinet de son père ; 5 $^m$, 85 à la salle de billard, cela ne faisait toujours que 21$^m$, 60 centimètres !

Il alla faire part de son embarras à M. Aubair.

— Tu as bien tout compté ? dit celui-ci.

— Mais, oui.

— Tu n'as rien oublié ?

— Rien.

— Tu en es sûr ?

— Dame ! Je le crois.

— Et l'épaisseur des murs : murs extérieurs et murs intérieurs ou de refend ?

— Ah ! c'est vrai ! l'épaisseur des murs ! Je n'y avais pas pensé !

— Mon ami, en construction, comme en quelque chose que ce soit, il faut penser à tout. Tout doit être prévu, observé, calculé : autrement, je te l'ai déjà dit, on s'expose à d'amères déceptions.

Maintenant que tu as pris tes mesures, levé ton plan, il faut le rapporter sur le papier.

Voilà la feuille de papier que tu as collée hier, prends ce compas et ce double-décimètre... Mais M. Aubair ne vit plus Roger à côté de lui.

— Mais où es-tu donc ?

— Je me lave les mains, monsieur, puisque je dois dessiner.

— Bravo, mon ami, c'est plaisir de te donner des conseils ; ils ne sont pas perdus.

Roger se percha sur un haut tabouret et prit un air attentif.

— Mets ton T contre la planchette et place-le au bas, puis, avec ton crayon, trace une ligne en suivant exactement la règle. — C'est cela. — Le salon a, d'après la cote ou la mesure de ton croquis, 6$^m$, 25 de long. Si tu devais tirer une ligne de cette longueur, tu vois quelles dimensions atteindrait ton dessin, nous allons donc réduire ces dimensions dans une proportion donnée, soit au 1/100, je te l'ai déjà expliqué, c'est-à-dire qu'un mètre sera représenté sur ton dessin par un décimètre; mesure donc, avec ton compas, autant de centimètres que tu as trouvé de mètres — six — c'est bien ; mais tu as vingt-cinq centimètres : quelle est la centième partie de vingt-cinq centimètres ?

— C'est, c'est... et Roger eut besoin d'écrire $0^m,25$ et de changer la virgule de place avant de dire $0^m,0025$.

— Très bien, prends donc sur ton décimètre deux millimètres et demi, et ajoute-les aux six centimètres déjà tracés : voilà la longueur de ton salon. Répète les mêmes opérations pour la largeur, puis indique la cheminée, les portes, fenêtres, etc.... Les murs ont $0^m,80$ d'épaisseur, ce sont de bons et solides murs qui ne se contentent pas de $0^m,50$ accordés aux murs de nos maisons modernes. Maintenant au moyen du tire-lignes trace les contours que tu as laissés au crayon. Parfait; prends ce pinceau et cette teinte d'encre de Chine, et passe-la dans l'intérieur des murs et cloisons en ménageant le vide des portes et fenêtres.

— Mais, monsieur, vous avez mis du rose dans les murs de la maisons de M. Morlot, j'aimerais bien mieux « peindre » en rose.

— On est convenu de réserver le rose pour les murs des constructions neuves, et on se sert au contraire de teintes grises pour les constructions anciennes ; tu dessines le plan d'une vieille maison, emploie donc une teinte grise.

Roger prit le pinceau et s'en servit avec une maladresse remarquable en « babochant indignement », laissant son pinceau déborder sur toutes les lignes du dessin.

Il avait chaud en finissant, il paraissait triomphant et courut sa planchette sur la tête, montrer son travail à sa mère.

# CHAPITRE XII

### L'ÉTABLE DE CHAMPVOUX.

Un matin que M. Aubair se promenait de bonne heure au bout de l'avenue du château avec son fidèle compagnon Roger, il vit, sur la route, une animation inaccoutumée.

Les passants étaient nombreux, hommes et femmes arrivaient par groupes, leurs vêtements aux couleurs voyantes se détachaient sur le blanc de la route et le vert des arbres ; armés d'un bâton, d'un parapluie rouge, ils poussaient devant eux des troupeaux de dindons, de porcs ou d'agneaux. Des charrettes transportaient du foin, de la paille, des sacs de pommes de terre, etc. ; les petites voitures à ânes si chères aux paysans nivernais emportaient des provisions de beurre, de fromages ou de fruits ; et, parfois, au milieu de tout ce monde, passait rapide la cariole de quelque riche fermier.

M. Aubair regardait avec intérêt ce spectacle gai, animé, éclairé par un beau soleil. Un moment son attention fut attirée par deux paires de bœufs aux jougs neufs, à la robe claire, aux cornes puissantes et dont les reins offraient cette ligne droite et régulière si appréciée des éleveurs.

— Les belles bêtes ! s'écria-t-il, et, s'approchant du paysan qui conduisait l'attelage :

— Eh ! l'ami, où allez-vous donc ainsi ?

— A la foire de Nevers, notre monsieur.

— Et d'où viennent ces belles bêtes ?

— De la ferme de M. Barault, à Champvoux.

— Est-ce que vous en avez beaucoup comme ça ?

— Pas beaucoup, si vous voulez, mais pas mal encore tout de même. L'été est sec, les foins seront chers et le maître ne veut pas garder plus de bêtes qu'il n'en pourra nourrir, aussi il fait vendre celles-là, mais il en a d'autres qui les valent, l'étable est grande, il y a de la place.

— Est-ce que cette étable est neuve ?

— Elle a bien déjà deux ans.

— Et où est Champvoux, s'il vous plaît ?

— De l'autre côté des Cocques, monsieur, sur la route de la Charité, fit le paysan en touchant les bœufs qui reprirent leur marche lourde et pesante.

— Vous voilà bien renseigné sur les bœufs de M. Barault, fit Roger qui n'avait pas compris l'intérêt des questions de M. Aubair.

— Certes, et cette rencontre de ce matin est des plus heureuses ; nous irons à Champvoux cette après-midi. Je veux voir l'étable de M. Barault ; je suis convaincu que l'habitation d'animaux aussi prospères doit offrir des conditions excessivement favorables, en tous cas utiles à connaître sinon à copier. Veux-tu venir avec moi à Champvoux ?

— Ah ! je ne demande pas mieux.

— Connais-tu le chemin ?

— Je connais le chemin de voiture, mais il serait plus agréable d'y aller à pied à travers le bois, et alors nous emmènerions Justin qui en connaît tous les sentiers.

— Nous emmènerons Justin, va lui dire de se préparer.

La promenade à travers bois fut un vrai plaisir pour tout le monde ; on suivit un sentier frais et ombragé sur lequel le soleil passant à travers les feuilles laissait de larges traces de lumière. M. Aubair se complaisait dans ce calme et ce repos ; il écoutait les mille bruits de la forêt, le tintement de la clochette des troupeaux et son imagination d'artiste l'entraînait bien loin. Roger et Justin, eux, ne ménagèrent pas leurs jambes, ils doublèrent la longueur du chemin par leurs allées et venues, revenant sur leurs pas pour couper un bâton, allant à droite, à gauche, pour voir un oiseau, attraper un insecte, s'arrêtant pour se fabriquer des sifflets, que Justin exécutait d'une façon remarquable ; enfin on voulut goûter au pied d'un gros arbre touffu d'où l'on voyait une vallée fraîche et fleurie avec un moulin, une lourde maison que Justin appelait le château et un groupe de constructions de formes et d'importances diverses qui était la ferme de Champvoux.

M. Aubair se dirigea de ce côté et obtint facilement la permission de visiter l'étable.

C'était un énorme bâtiment construit en moellons et briques, couvert en tuiles et qui occupait tout un des côtés de la cour. Sa construction était soignée, mais faite sans art et sans recherche. Les murs recouverts d'un enduit rugueux « dit Tyrolien » offraient à l'extérieur de grandes surfaces percées de rares portes et fenêtres. Le toit débordait, faisant sur chaque côté une large saillie. Tout cela ne méritait pas grande attention ; mais en pénétrant à l'intérieur M. Aubair vit tout de suite le côté véritablement intéressant de l'étable.

Deux portes y donnaient accès, l'une ouverte dans la cour principale, l'autre dans la cour opposée. Les châssis qui fermaient ces portes étaient divisés en deux parties dans le sens de la hauteur, le châssis du bas semblable à une porte ordinaire et le châssis du haut remplacé par un treillis en osier très largement tressé (fig. 42).

— Voilà des portes économiques, fit Roger.

— Ce ne sont pas des portes, répondit Justin. Ces châssis d'osier laissent passer l'air et la lumière, mais empêchent les poules, les animaux de la basse-cour, d'aller picorer dans le fumier et salir de leurs ordures les mangeoires et les rateliers du bétail.

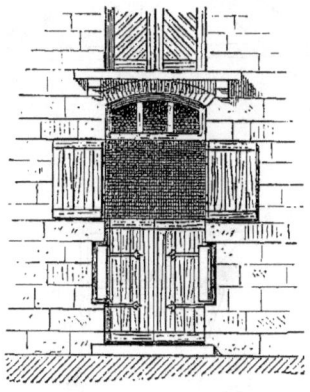

Fig. 42. — Porte d'étable.

— Mais, l'hiver, l'air n'est pas chaud, et s'il passe si facilement à travers les châssis je plains les animaux de l'étable.

— L'hiver, on enlève les châssis d'osier et on ferme la partie supérieure de la porte.

— Et cela, sais-tu ce que c'est? continua Roger en montrant à Justin des rouleaux de bois taillés en fuseau et scellés sur les montants des portes.

— C'est pour empêcher les animaux de se blesser contre les murs en entrant ou sortant avec précipitation comme ils le font toujours.

Roger avait pénétré dans l'intérieur sur les pas de M. Aubair et on l'entendit aussitôt s'écrier : Ah ! voilà une étable arrangée comme celle du jardin d'acclimatation : les animaux sont placés en face les uns des autres (fig. 43).

Ceux-ci, en effet, au lieu d'avoir la tête tournée du côté de la

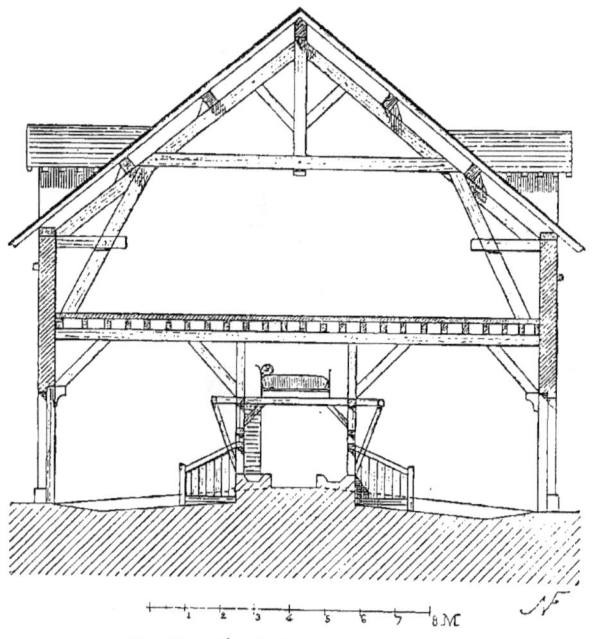

Fig. 43. — Étable (coupe transversale).

muraille, regardaient vers le milieu de l'étable, formant ainsi deux rangées qui se faisaient face. Un couloir les séparait, bordé à droite et à gauche par les lignes de râteliers.

— Mais voyez donc, dit Justin, plus à même que Roger de prendre intérêt à l'installation de l'étable et qui en appréciait déjà les avantages en connaisseur, chaque animal arrive à sa place par ce passage ménagé derrière eux ; ce même passage sert aussi aux garçons pour enlever le fumier, et aux filles de basse-cour pour traire les vaches. Par ici, continua-t-il, on leur donne à manger ou on les surveille. On n'a pas encore vu d'étable comme cela dans le pays !

— Ah ! voilà une vache qui a la tête prise dans son râtelier, s'écria

Fig. 44. — Détail d'un cornalis.

Roger ; mais aussi il faut convenir que cette machine-là doit être bien incommode.

— Tu te trompes, mon ami, dit M. Aubair. Ce genre de râtelier, appelé « cornalis » (fig. 44), a parfaitement sa raison d'être, il est d'un usage très fréquent. Les vaches, les bœufs, tous les animaux ruminants, en général, mangent sans soin, et voilà Justin qui te dira qu'ils *gâchent* ainsi une partie du fourrage destiné à leur alimentation.

— Oui. Ils le font tomber sous leurs pieds, il se mêle alors au fumier et c'est autant de perdu. Le père répète bien souvent que tout ce qu'on leur donne ne leur profite pas.

— Cet inconvénient-là disparaît avec les râteliers de ce genre et l'appétit de la bête y trouve son compte sans coûter plus au propriétaire. Ce râtelier, du reste, n'emprisonne pas du tout la tête des animaux ; ils savent très bien se tourner un peu de côté quand ils veulent se dégager.

Un bruit soudain interrompit M. Aubair et fit lever la tête à Roger : c'était le bouvier qui, placé dans le fenil ou grenier à fourrage, jetait du foin à travers une ouverture ménagée au-dessus de chaque râtelier.

— La bonne manière de servir les bêtes ! s'écria Justin. Le bouvier ne se fatigue pas et n'est pas, comme chez nous, obligé de porter le foin au bout d'une fourche et de l'introduire dans chaque râtelier en en perdant une partie.

— Mais, mes amis, ce n'est pas tout d'admirer cette étable, dit M. Aubair, l'important c'est d'en lever le plan (fig. 45), afin de bien connaître ses dimensions. Voyons d'abord les stalles qu'occupent les animaux : $1^m,50$ de large et 3 mètres de long, non compris le couloir ou galerie, dit-il après avoir mesuré la longueur et la largeur. En comptant le nombre de stalles et la largeur des passages, nous aurions les dimensions de l'étable, mais il vaut mieux prendre directement les dimensions du bâtiment lui-même : cette seconde opération servira de vérification à la première.

M. Aubair tira alors de sa poche un carnet qui attira tout de suite l'attention de Roger.

— Ce n'est pas votre carnet ordinaire, dit-il.
— Non. Les feuilles de celui-ci sont en papier quadrillé : chacun

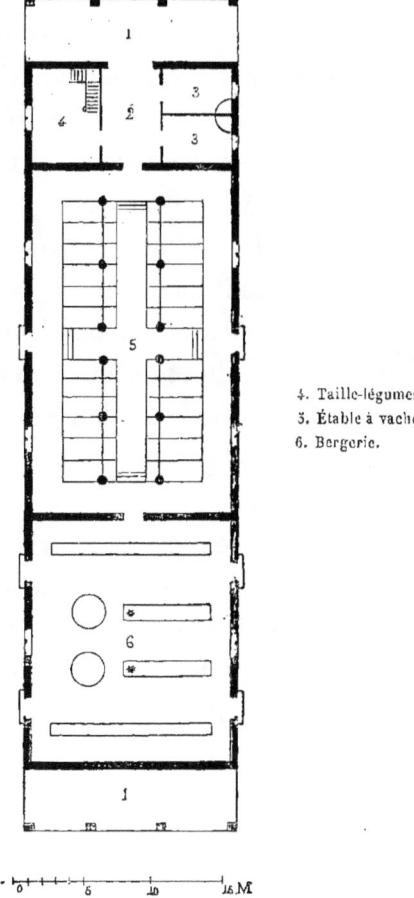

1. Abris pour décharger les chars.
2. Passage.
3. Boxes.

4. Taille-légumes.
5. Étable à vaches.
6. Bergerie.

Fig. 45. — Plan de l'étable de Champvoux.

de ces petits carrés compte pour un mètre. Si un bâtiment a dix mètres de long, je trace une ligne occupant dix petits carrés. Rappelle-toi ton dessin de l'autre jour.

— Très bien, monsieur ; ce papier facilite la représentation exacte des objets qu'on a besoin de réduire.

— Allons, à l'ouvrage ; place-toi là et faisons en plus grand ce que tu as fait l'autre jour pour le relevé du plan du rez-de-chaussée du château. Tu as opéré en véritable apprenti ; je vais travailler avec toi pour bien t'apprendre à lever la configuration d'un bâtiment.

L'architecte plaça Roger à l'une des extrémités de l'étable, le décamètre en main ; puis il marcha le long du mur. Lorsque les dix mètres de ruban furent déroulés, il fit une marque sur le mur. Alors, sur son appel, Roger, sans lâcher le ruban, s'avança jusqu'à la marque faite par M. Aubair, et pendant que celui-ci, continuait à marcher il vint se poster, avec l'anneau, au second endroit marqué par l'architecte. On recommença plusieurs fois la même manœuvre et à une dernière fois M. Aubair fut obligé de replier une partie du ruban et ne compta que huit mètres qui, avec les cinquante déjà mesurés, donnèrent cinquante-huit mètres.

C'était donc la dimension totale. M. Aubair indiqua, sur son papier, cinquante huit carrés, et traça une ligne de cette longueur en inscrivant au-dessus de cette ligne la mesure trouvée, c'est-à-dire 58 mètres.

— Cette inscription, dit-il à Roger, constitue ce qu'on appelle une cote.

La même opération fut renouvelée pour la largeur du bâtiment, pour sa hauteur, l'intervalle entre les portes, fenêtres, etc... De sorte que l'étable se trouva figurée sur le papier, réduite exactement et en proportion avec ses dimensions réelles.

Pendant que l'architecte se livrait à cette occupation, le bouvier, qui avait fini de donner à manger à ses bêtes, était descendu du fenil. La satisfaction que paraissaient éprouver les visiteurs en examinant l'étable lui avait inspiré les meilleurs sentiments à leur endroit.

— N'est-ce pas, monsieur, dit-il à l'architecte, que c'est une belle étable et que vous n'en avez pas vu souvent de pareilles?

— C'est un bâtiment fort bien entendu sous tous les rapports, dit M. Aubair. Et c'est vous qui vous occupez de ces animaux?

— Oui, monsieur. C'est bien plaisant de soigner des bêtes dans une étable comme celle-là; et puis ça vous fait honneur. Ah! dame, on n'y épargne pas ses soins! Et on ne quitte ses bêtes ni jour, ni nuit.

— Mais, où couchez-vous donc? dit Roger.

— Je couche là-haut (fig. 43). On monte à ma chambre par cet esca-

Fig. 46. — Intérieur de la bergerie.

lier, ou si vous aimez mieux cette échelle, que vous voyez au milieu. Si j'entends quelque chose, la nuit, je n'ai qu'à tourner la tête pour voir d'où vient le bruit, et s'il faut que je me lève je n'ai pas grand chemin à faire. Sans compter que l'étable, c'est sain et chaud. L'hiver, je ne changerais pas de chambre à coucher avec le maître.

— La nuit, comment faites-vous pour surveiller vos animaux? vous n'avez pas de lumière.

— Oh! Je vais vous montrer ça; vous verrez que je vois clair sans que ni moi, ni mes bêtes courions le danger d'être rôtis.

Alors le bouvier fit remarquer à M. Aubair de petites cavités ménagées de distance en distance dans les murs longitudinaux. Ces trous étaient fermés à l'intérieur par des verres fixes, à l'extérieur par des châssis mobiles. Ils formaient ainsi des lanternes sans commu-

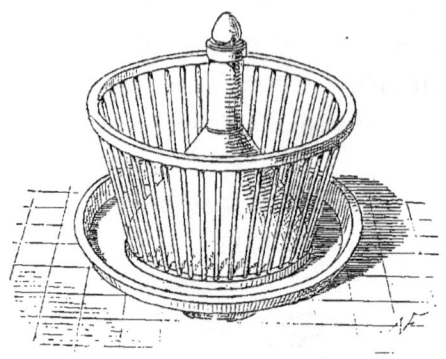

Fig. 47. — Râtelier circulaire.

nication avec l'intérieur, dans lesquelles, chaque soir, on introduisait, de l'extérieur, une petite lampe.

— Et puis, regardez par terre, monsieur, continua le bouvier, comment sont posées les briques du pavage.

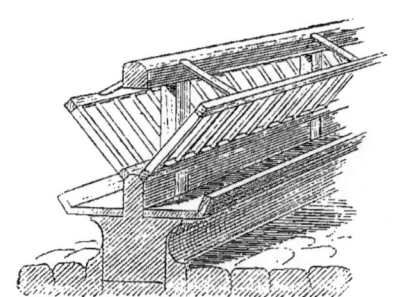

Fig. 48. — Râtelier double.

— Oh! c'est vrai, dit Roger, les briques sont disposées de façon à former un joli dessin régulier.

— Cette régularité est la moindre des qualités de ce pavage, répondit M. Aubair. Elle est le résultat du soin extrême apporté à son exécution. Les briques, ainsi placées de champ et jointoyées au ciment, forment un sol très résistant et parfaitement imperméable.

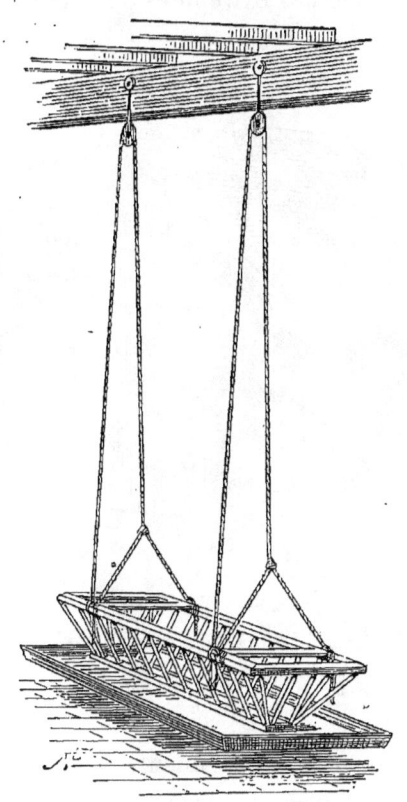

Fig. 49. — Râtelier à hauteur variable.

— Voyez aussi, monsieur, dit Justin, l'inclinaison donnée au sol pour faciliter l'écoulement des liquides.

— Oui, il l'est dans deux sens : d'abord dans le sens de la longueur de l'animal, de manière que ses pieds de devant se trouvent plus élevés que ses pieds de derrière ; ensuite dans le sens de la longueur de l'étable. Les liquides sont recueillis dans ce caniveau ou canal, qui les conduit directement au trou à fumier.

— Ces messieurs n'ont pas encore tout vu, dit le bouvier en ouvrant une porte percée à l'une des extrémités de l'étable.

Et il les introduisit dans une annexe du bâtiment principal, qui

Fig. 50. — L'étable de Champvoux.

comprenait deux boxes ou compartiments fermés, destinés aux bêtes malades, ou aux vaches ayant des veaux.

De l'autre côté, était une pièce où se voyait le taille-légumes pour couper les pommes de terre, carottes, betteraves, qu'on donne aux animaux. Là, se trouvait aussi un escalier par lequel on montait au fenil.

A l'autre extrémité de l'étable était la bergerie (fig. 46). Lorsque le bouvier en ouvrit la porte, une centaine de moutons étaient occupés à prendre leur nourriture : les uns autour de râteliers circulaires (fig. 47), les autres le long de râteliers scellés à la muraille (fig. 48) par une de leurs extrémités. Les intervalles étaient occupés par des mangeoires suspendues (fig. 49) au plafond par des poulies, et Roger demanda la raison de cette disposition.

— C'est pour les agneaux, répondit le bouvier. Ils ne pourraient pas attraper l'herbe placée dans les crèches des moutons, elles sont trop élevées pour eux. Ce râtelier est mobile, il monte et descend à volonté pour se mettre juste à leur portée.

En sortant de la bergerie, M. Aubair fit remarquer à Roger que, comme à la grange des Coques, le toit du bâtiment présentait à chaque extrémité une saillie (fig. 50), sous laquelle on pouvait décharger, à couvert, les voitures de fourrage, ou les laisser à l'abri s'il était nécessaire.

Ils causèrent de l'étable tout le temps du retour, et le soir, après dîner, comme Roger revenait encore à la charge pour raconter ce qu'il avait vu, M. Aubair l'interrompit en lui disant : Puisque tu as tant de plaisir à nous faire partager tes impressions, écris-les ; c'est là une excellente habitude à prendre. Quand j'étais jeune j'ai eu le bonheur de recevoir les leçons de Viollet-le-Duc, un homme dont tu connais certainement le nom, je l'ai souvent accompagné dans ses voyages et jamais il ne me laissait coucher le soir sans que j'eusse pris note, le plus brièvement que je pouvais, de ce que j'avais vu et fait dans la journée. Ces notes étaient accompagnées de croquis et elles m'ont, plus d'une fois, rendu de grands services. C'est un exercice de la mémoire et de l'esprit, qui habitue à formuler ses idées.

## CHAPITRE XIII

### DU RAPPORT QUI EXISTE ENTRE LA COIFFURE DES HOMMES ET LA COUVERTURE DE LEURS HABITATIONS.

Roger, qui trouvait à toute occupation nouvelle le plus vif attrait, se mit immédiatement à l'ouvrage; il s'assit devant une table et commença à écrire; tout à coup, il s'interrompit en poussant une exclamation :

— Mais, monsieur, vous avez oublié quelque chose !
— Quoi donc ? mon ami.
— Vous n'avez pas pris la hauteur du toit.
— Je la connais.
— Vous la connaissez ?
— Oui, elle est de $7^m,50$.
— Comment avez-vous deviné cela ?
— Je ne l'ai pas deviné.
— On vous l'a dit ?
— Pas davantage.
— Vous l'avez mesuré, comme cela, du regard ?
— Non plus ; quelque exercé que puisse être mon coup d'œil, il ne saurait me fournir des indications aussi précises.

— Eh bien, alors?

— Je l'ai calculée. La hauteur du comble d'un bâtiment est toujours en rapport avec la largeur de ce bâtiment et dépend du mode de couverture employé. Un toit en tuiles plates, comme celui de l'étable de Champvoux, doit avoir, pour hauteur, la moitié de la largeur du bâtiment. Tu vois donc qu'il ne m'est pas difficile, sachant que l'étable a 15 mètres de largeur, de dire que le toit doit être élevé de 7$^m$,50.

Un toit à tuiles, à rainures, continua M. Aubair, de ces tuiles qui sont maintenant d'un emploi si fréquent, doit avoir pour hauteur le tiers seulement de la largeur du bâtiment ; un toit en zinc peut se contenter du quart ; l'inclinaison des toits en ardoises peut varier sans inconvénients.

— Mais il y a des pays, dit M$^{me}$ de Charly, où les toits n'ont pas les mêmes inclinaisons que dans le nôtre. Ainsi, dans le Nord, j'en ai vu qui présentaient beaucoup plus de pente, et, dans le Midi, au contraire, les toits m'ont paru moins inclinés.

— Les règles que je vous indique sont applicables en tous pays ; mais quand les exigences du climat obligent à les modifier, et les constructeurs modifient en même temps la nature des matériaux qu'ils emploient. Aussi, sans parler, bien entendu, des constructions élevées pour satisfaire quelque caprice ridicule, on est obligé dans le Nord d'avoir recours à des toits très aigus afin d'éviter que la neige ne s'amoncelle en trop grande quantité ; on n'emploie pas les tuiles qui ne se prêteraient pas à une disposition de ce genre, mais l'ardoise qui peut donner une surface verticale très unie sur laquelle glisse la neige.

En Orient, au contraire, où il faut se défendre de l'extrême chaleur, la tuile, l'ardoise, le métal, seraient insuffisants : on recouvre les habitations d'une énorme voûte en maçonnerie qui forme terrasse ; et c'est sur cette terrasse que les habitants passent une partie des nuits. Tant il est vrai que les seules règles absolues pouvant guider un architecte sont celles de la logique et du raisonnement, règles qui

Fig. 51-52. — Hutte et coiffure des Annamites.

lui ordonnent de se plier aux besoins de l'homme, et de les satisfaire en tenant compte des produits et des habitudes locales.

Fig. 53-54. — Tiare et mosquée d'un sultan de Java.

J'ai lu, il y a quelque temps, dans une revue, la *Revue d'architecture*, je crois, un article fort original. L'auteur y faisait de curieuses observations sur les rapports qui existent entre la forme de la coiffure des habitants et le mode de couverture de leurs maisons.

On peut, en effet, faire à ce sujet des rapprochements très curieux, continua M. Aubair qui, armé de son immanquable crayon, commençait à faire un croquis. Regardez la hutte de l'Annamite : ce petit bobêchon, placé au centre du toit et sous lequel viennent se réunir les extrémités des joncs qui la couvrent, n'a-t-il pas exactement la

Fig. 55-56. — Turban et coupole des Orientaux.

même forme, le même aspect et presque les mêmes dimensions que le panier de paille tressé dont leurs femmes se couvrent la tête (fig. 51-52)?

— C'est vrai, dit M<sup>me</sup> de Charly.

— Le Chinois relève de la même façon son bonnet et les bords de sa maison.

A Java, les sultans se coiffent d'une sorte de tiare monumentale qui est la reproduction du toit de leurs mosquées (fig. 53-54).

134    HISTOIRE D'UNE FERME.

L'Arabe des tribus errantes de l'Afrique porte des chapeaux de paille, en pointe, qui rappellent exactement la tente sous laquelle il s'abrite.

Les turbans des Orientaux ne font-ils pas penser aux coupoles de leurs mosquées (fig. 55-56)?

On voit, sur les maisons italiennes, une succession de toits plats couverts en tuiles creuses. Regardez la coiffure des femmes : elle se

Fig. 57-58. — Flèche d'église et coiffure des châtelaines au moyen âge.

compose d'une planchette de carton enveloppée d'un morceau d'étoffe descendant en s'étageant sur le dos. Ce n'est certes pas la même chose, mais c'est un souvenir et une ressemblance.

Les Alsaciennes portent deux grandes coques de rubans qui retombent sur leurs oreilles à la façon des pignons coupés des toits de leur pays.

— Tout cela est très juste, fit en riant M$^{me}$ de Charly; et on pourrait indéfiniment multiplier les exemples : ainsi, au moyen âge (fig. 57-58), quand les clochers des églises, les tours des châteaux se couronnaient de flèches aiguës en forme de poivrière ! les châtelaines, elles, se coiffaient de bonnets pointus, comme ceux qu'on voit dans les portraits de la reine Isabeau.

— Et nos chapeaux modernes, enfin, dit à son tour M. de Charly, ressemblent si bien aux tuyaux de poêle qui surmontent nos maisons, qu'on leur en a donné le nom.

# CHAPITRE XIV

### LA BASSE-COUR DE M$^{me}$ MORLOT.

De même que l'architecte avait consulté M. Morlot au sujet de la maison d'habitation et des dispositions générales de la ferme, de même il voulut avoir l'avis de M$^{me}$ Morlot pour ce qui était de son domaine, et commença par la basse-cour.

— Avant tout, madame Morlot, il faut que vous nous disiez si vous désirez que vos poules et poulets soient renfermés dans un espace clos, ou si vous aimez mieux qu'ils se promènent en liberté, comme ils le font actuellement, chez vous.

— Ah! mais non, monsieur, j'aime bien mieux qu'ils soient renfermés (fig. 59); si je les laisse courir aujourd'hui, c'est que je ne peux pas faire autrement. Une fois emprisonnés, ils ne laisseront plus de traces de leur passage sur les chars, voitures, harnais, et jusque dans les mangeoires des animaux. Quand nous aurons la ferme neuve, il faudra qu'elle soit bien tenue, et ce n'est pas possible avec une basse-cour dans laquelle la volaille est en liberté. De plus, quand on les laisse vagabonder, les poules vont déposer leurs œufs de côtés et d'autres : allez donc courir après dans la grange, au fenil, sous les hangars, dans le jardin; c'est autant de perdu! Je sais bien que quand elles sont prisonnières, elles ne peuvent aller picoter à droite et à gauche, ramasser les grains tombés dans la cour et les écuries; et que leur nourriture coûte plus cher; mais aussi, il faut dire qu'à l'époque des moissons ou des vendanges, des poules dans les champs, ou une bande de canards dans les vignes commettent bien vite des dégâts considérables qui dépassent, et au delà, les économies qu'on a pu réaliser sur leur nourriture en les laissant la chercher eux-mêmes, au moins en partie.

— Madame Morlot connaît toute l'importance de la basse-cour dans

Fig. 59. — Clôture de la basse-cour.

une exploitation agricole, fit M. de Charly, présent à l'entretien; mais pour vous faire comprendre, à vous, quelle est cette importance, je vous dirai que la vente des œufs, en France, atteint la somme de 150 millions : Paris seul en consomme pour 6 millions et Londres pour le double.

Il faut donc que l'installation de la basse-cour facilite les soins et les précautions nécessaires à la prospérité des animaux, et bien peu de personnes, habituées à la vie des champs, connaissent d'une façon complète ce qui convient à cet égard.

— Tâchons de faire une basse-cour modèle, dit M. Aubair, il est déjà entendu qu'elle sera fermée, et que nous élèverons au milieu un petit bâtiment pour loger les animaux. Combien voulez-vous qu'il ait de compartiments (fig. 60)?

— Il m'en faut un pour les poules, un pour les canards, un pour les oies et un pour les couveuses, fit M<sup>me</sup> Morlot en comptant sur ses dix doigts. Si vous pouvez m'en faire un cinquième, je n'en serai pas fâchée : quelquefois, on veut engraisser des chapons et des poulardes,

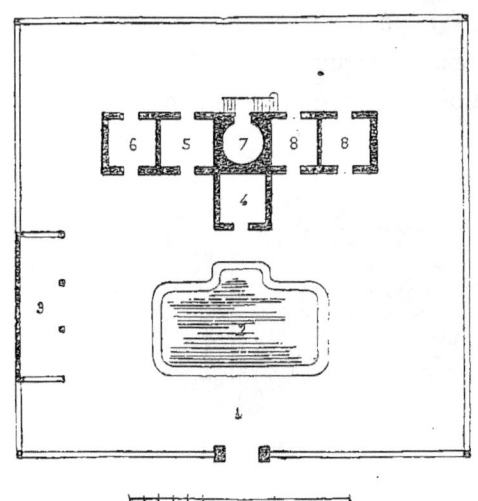

Fig. 60. — Plan de la basse-cour.

1. Basse-cour.
2. Mare.
3. Hangard.
4. Canards.

5. Poulailler.
6. Couveuses.
7. Pigeonnerie.
8. Volailles diverses.

ou bien on a de gros volatiles ; ainsi, il y a deux ans, j'avais commencé à élever des dindons ; j'ai été obligée d'y renoncer parce que l'emplacement me manquait.

— Nous vous donnerons cinq compartiments.

— Il ne faut pas non plus oublier les trous aux lapins.

— Nous les placerons au-dessous du pigeonnier qui sera là, au milieu du bâtiment, dit l'architecte dessinant sans relâche, tout en parlant, de sorte que la fermière voyait ses idées traduites à mesure qu'elle les exprimait.

— En avant du poulailler sera la mare pour les canards, et, à gauche, un hangar sous lequel les volatiles pourront s'abriter pendant les pluies d'orage ou les heures trop chaudes du jour (fig. 61).

Fig. 61. — Basse-cour.

— Il n'y aura pas de basse-cour comme la nôtre dans le pays, fit la fermière toute satisfaite. J'ai cependant encore quelque chose à demander. C'est très bien que les animaux soient renfermés, mais c'est bien fâcheux qu'ils ne puissent aller sur le fumier : ils y trouvent à manger, et le fumier tient chaudes les pattes des poules.

— On leur donnera un chauffe-pieds, madame Morlot, fit le terrible Roger.

— Il ne faut pas rire, messieurs, les poules ont besoin d'avoir les pattes chaudes pour rester en bonne santé et avoir une ponte régulière.

— Soyez tranquille, madame Morlot, vos poules pourront arriver facilement au fumier ; je sais que cela leur est nécessaire ; mais comme il ne suffit pas, même pour des poules, d'avoir chaud aux pattes, nous nous arrangerons pour maintenir, dans le poulailler, une température à peu près égale. Pour le défendre des chaleurs de l'été, j'établirai des courants d'air en ouvrant, dans les murs, d'étroites fenêtres, « des barbacanes », fermées par des treillis à mailles très serrées. Si nous étions dans un pays où les hivers soient très rigoureux, nous mettrions le poulailler en communication avec les étables de manière que la chaleur dégagée par les gros animaux vienne profiter aux petits ; mais cette précaution n'est pas nécessaire. Nous installerons cependant un petit appareil de chauffage dont on fera usage pendant les jours où le froid sera trop rigoureux.

— Et je vous assure que ce qu'on dépensera en combustible sera bien vite rattrapé. D'abord, comme je vous le disais, les poules pondent davantage quand elles ont chaud, ensuite il faut défendre du froid les couvées retardataires ou hâtives ; sans cette précaution, on les perd facilement au printemps ou en automne, comme cela m'est arrivé tant de fois.

— C'est entendu. Mais, pour en revenir au fumier dont nous parlions tout à l'heure, la basse-cour sera en communication avec les trous à fumier ; ils seront un peu en arrière des bâtiments du poulailler qui les masqueront et empêcheront qu'on ne les voie de la cour principale.

— Oh ! mais ce n'est pas la peine de cacher le fumier, nous ne craignons pas de le voir, nous autres.

— C'est l'occasion, dit M. de Charly, de donner à madame Morlot quelques indications sommaires sur la tenue du poulailler. Vous pourrez, vous aussi, mon cher Aubair, faire votre profit de mes observations.

Un poulailler doit être maintenu dans un rigoureux état de propreté. Il faut que le fumier en soit enlevé tous les jours et que les murs, aussi bien que le sol, soient lavés une fois par mois en hiver, et deux fois en été. En outre, il faut, chaque année, passer au lait de chaux non seulement les parements des murs, mais aussi les bâtons des juchoirs.

— Nous le savions bien ; mais comment prendre ces précautions dans de vieux bâtiments à moitié démolis et avec des juchoirs tout brisés ?

— Je vous ferai faire des juchoirs neufs, en bois de sapin dont l'odeur résineuse contribue à éloigner la vermine, ce grand ennemi de la volaille. La vermine nuit à son développement, l'incommode, et se multiplie quelquefois au point d'infecter les autres animaux de la ferme.

Pour faciliter, autant que possible, l'entretien de cette propreté si nécessaire, je ferai recouvrir le sol d'une couche de bitume et je lui donnerai une pente sensible, de manière à faire promptement écouler les eaux du lavage.

— C'est cela, le milieu du poulailler restera toujours propre et net ; on pourra y placer la nourriture de la volaille quand le temps sera trop mauvais pour qu'elle reste dehors.

Ah ! dame, ajouta la fermière, une bonne basse-cour, bien tenue, est une source de revenus pour une ferme, je le sais bien. Jusqu'à présent, la nôtre n'a guère servi qu'à la consommation du château et de la ferme ; nous étions si à l'étroit ! Mais, à présent, je veux que, chaque semaine, on puisse aller vendre des œufs et de la volaille au marché de Fourchambault.

— Vous avez tout à fait raison ; mais revenons à notre poulailler. Nous percerons au bas des murs de petites ouvertures qui serviront à l'entrée et à la sortie des bêtes et qui seront soigneusement fermées le soir afin que les animaux malfaisants ne puissent s'y introduire.

— Il faut, monsieur, que je vous fasse part d'une remarque que j'ai faite, à propos de nos poules. Quand on les enferme dans le poulailler, le soir, elles se perchent, pour dormir, n'importe sur quel bâton : en bas, en haut, comme cela se trouve ; mais, le matin, quand on ouvre la porte, elles sont toutes juchées sur les bâtons du haut.

— Et elles se précipitent dehors, en se pressant et en se bousculant à qui mieux mieux ?

— Oui, monsieur. D'où vient cela ?

— C'est bien facile à expliquer. Cela vient de ce que votre poulailler n'est pas suffisamment aéré. Les poules, de même que tous les animaux, dégagent du gaz acide carbonique qui vicie l'air et le rend impropre à la respiration. Ce gaz, à cause de son poids qui est supérieur à celui de l'air, tombe sur le sol et s'y accumule en telle quantité que les poules, pour se soustraire à son influence et au malaise qu'il leur cause, se retirent sur les bâtons élevés du juchoir, montant, montant toujours le plus haut possible ; se pressant, se poussant les unes les autres, aussitôt que la porte est ouverte, afin de quitter, au plus vite, ce foyer d'infection. Vous verrez à quel point les barbacanes créant des courants d'air atténueront cet inconvénient dans votre nouveau poulailler.

La fermière n'avait rien compris aux dernières explications de M. de Charly ; elle savait que son vieux poulailler sentait très mauvais, on lui promettait qu'il n'en serait pas de même pour celui qu'elle allait avoir, cela lui suffisait et elle se hâta de ramener la conversation à des considérations moins savantes.

— Vous ferez mettre des bâtons carrés aux juchoirs, monsieur, s'il vous plaît, reprit-elle ; le nôtre n'avait que des bâtons ronds, l'année dernière, on l'a réparé et l'on a remplacé les bâtons manquant par des bâtons carrés sur lesquels les poules sont bien plus solides.

— Oui, les pattes s'y accrochent mieux.

— Il faut aussi que le juchoir soit très incliné (fig. 62), le nôtre est trop droit. Les bêtes sont presque les unes au-dessus des autres, en sorte que celles qui sont placées en bas reçoivent les excréments de celles placées au-dessus.

— On les établira sur un plan plus incliné et on donnera aux

Fig. 62. — Juchoir.

montants de $0^m,70$ à 1 mètre environ d'écartement. Quant aux échelons, ils seront, pour les poules, placés de $0^m,20$ à $0^m,30$ ; et, pour les dindons, de $0^m,30$ à $0^m,40$. Que vous en semble ?

— Je crois ces mesures très bonnes. Et $M^{me}$ Morlot regardait des dimensions indiquées sur son tablier au moyen d'épingles.

— Passons maintenant aux nichoirs pour les poules qui veulent pondre.

On fait des nichoirs de plusieurs modèles : quelquefois, on les construit en forme de petites cellules de 0$^m$,25 carrés environ, appliqués contre les murs, à côté les uns des autres et formés de cloisons de plâtre ; ou bien on place, sur des planchettes à rebord, une série de paniers de paille tressée ; ou bien encore on accroche tout simplement au mur, des boîtes de sapin de la même dimension que les cases de plâtre. Laquelle de ces trois dispositions vous semble la meilleure ?

— Ça m'est égal, mais 25 centimètres, ce n'est pas assez pour les couveuses, elles ont besoin de plus de place.

— Les couveuses auront de grands paniers posés sur le sol, dans une autre division de la basse-cour.

— Je vois, monsieur, que vous pensez à tout. Et M$^{me}$ Morlot prit congé de ses interlocuteurs, comptant d'avance dans sa pensée, ses œufs, ses poules et ses poussins.

# CHAPITRE XV

### LES VENDANGES.

L'été avait été très chaud, et la première moitié de septembre fut très belle ; aussi put-on commencer les vendanges sans attendre la fin du mois. C'était là, pour M. Aubair, une excellente occasion d'étudier le pressoir et ses dépendances.

Il y a quelques années, parut un gros volume publié par un savant allemand. Ce savant, voulant initier le public à la manière de faire le vin, passa en revue tous les procédés connus, ou plutôt tous ceux qu'il connaissait. Il indiqua avec de grands détails et de très longues phrases, les procédés propres à renouveler le miracle des noces de Cana en changeant l'eau claire en vin généreux par l'addition de bois de campêche, fuchsine, matières colorantes ou odorantes, inoffensives ou nuisibles, nuisibles surtout. Puis à la fin de son ouvrage, il ajouta en forme de commentaire : « En certains pays, on fabrique aussi le vin avec le jus d'un petit fruit appelé raisin. »

Roger rit beaucoup de cette histoire, mais elle ne suffit pas à rappeler le zèle qu'il avait mis les premiers jours à écouter les leçons de M. Aubair. Depuis quelques jours, Roger ne faisait à l'atelier que de rares et courtes apparitions ; il était occupé à parcourir les vignes avec

M. Morlot pour reconnaître celles dont les raisins étaient mûrs et qu'il fallait vendanger les premières. Il assistait à la visite des caves, du pressoir ; voyait réparer les hottes et paniers. C'était un peu la mouche du coche que notre bon Roger ; mais il s'acquittait de ce rôle si naïvement, si franchement, avec tant de bonne grâce et d'entrain, que chacun l'aimait et le recherchait.

Un beau jour, le tambour de la commune annonça à grand bruit, l'ouverture des vendanges, proclamant ainsi les droits de chacun à aller cueillir et emporter sa récolte.

Le lendemain, Roger ne parut pas du tout à l'atelier; M. Aubair s'enquit de lui et apprit qu'il était dans les vignes du Montagnot. En allant, dans la journée, se promener avec M. de Charly, il le vit, en effet, au milieu d'un groupe de vendangeurs que lui et Justin dirigeaient avec un sérieux digne du rôle important qu'ils s'étaient attribué.

Il y avait là une centaine d'hommes, de femmes, d'enfants, courbés en deux, et qui, une serpette à la main, détachaient, un à un, les raisins des ceps et les recevaient dans un panier. Une fois le panier plein, on le versait dans de grandes hottes que de vigoureux porteurs allaient vider dans des tonneaux défoncés placés à l'entrée de la vigne. Une charrette ramassait tous ces tonneaux et les transportait aux cuves du pressoir.

Roger et Justin étaient chargés d'empêcher les vendangeurs de s'amuser au lieu de travailler; ils devaient veiller à ce que les transports se fissent régulièrement, afin que ni porteurs, ni vendangeurs ne fussent arrêtés dans leur besogne par le manque de hottes ou de paniers; ils devaient enfin, tâche importante, regarder chaque cep dépouillé de ses fruits, et s'assurer qu'aucune grappe n'avait été oubliée.

Après un court colloque avec Justin, Roger se dirigea vers la sortie de la vigne.

— Où vas-tu donc ? lui cria M. Aubair.

— Je vais au pressoir dire qu'on nous envoie six paniers et deux hottes qui nous manquent, nous perdons du temps.

— Attends nous, nous allons avec toi, dirent M. de Charly et M. Aubair, sans pouvoir s'empêcher de rire.

Roger fut très mortifié de ce rire ; on put même l'entendre murmurer, à mi-voix : Quand les enfants s'amusent, on leur reproche de ne pas être sérieux ; quand ils s'occupent utilement, on se moque d'eux.

Au pressoir aussi, tout était vie et activité, et, pour faire passer à Roger son mouvement de mauvaise humeur, M. Aubair le pria de lui expliquer le travail qui se faisait. C'était là un bon moyen, et Roger ne se fit pas prier.

— Vous voyez arriver les porteurs : chacun d'eux gravit cette courte échelle et verse le contenu de sa hotte dans le cuvier ; quand le cuvier est plein, on inscrit sur ses parois la date du jour et on attend que la fermentation se produise. Alors, on laisse couler le jus par l'ouverture ménagée au bas de la cuve, et on obtient ainsi le vin de goutte, qui est le vin de première qualité. On prend ensuite une certaine quantité de grappes dont les fruits ont perdu la plus grande partie de leur jus, on la porte sur le pressoir, on la recouvre de madriers et on fait agir la presse. Cette presse est formée de cette énorme vis de bois mise en mouvement à bras d'hommes. Le jus resté dans les raisins s'écoule ; on le recueille, on le met dans des tonneaux et on attend le printemps pour le soutirer.

M. Morlot, présent à l'entretien, souriait d'un air approbateur.

— Pour te remercier de tes explications très claires et très courtes, ce qui n'est pas un médiocre mérite ; je vais t'expliquer comment j'ai installé le pressoir et le cuvier d'une grande exploitation du Bordelais. M. Morlot nous dira si cela lui convient. N'aie pas peur, ce ne sera pas long, et tu pourras bientôt retourner à la vigne.

D'après les habitudes du pays, les paniers de raisins sont versés dans des sortes de baquets allongés appelés « comportes »; on les charge sur des charrettes qui les transportent au *cuvier*, nom donné dans le Bordelais au bâtiment qui contient les cuves et le pressoir. Ces charrettes s'arrêtent sous une saillie en balcon élevée de 4 mètres environ au-dessus du sol. Une poulie, munie de câbles comme celles qui servent à hisser au grenier les bottes de foin ou de paille, est scellée dans le mur. Les comportes sont saisies par leurs anses, enle-

Fig. 63. — Transport du raisin.

vées et placées sur de petits wagonnets qui leur font suivre un chemin ménagé le long des murs au-dessus des cuves dans lesquelles se déverse leur contenu.

Comprenez-vous? ajouta M. Aubair, qui, selon sa coutume, dessinait tout en parlant, et qui présenta à ses auditeurs un dessin représentant le pignon d'un bâtiment avec une charrette chargée de comportes, arrêtée en avant (fig. 63), puis un autre représentant l'intérieur d'un cuvier (fig. 64).

— De cette manière, dit M. Morlot, on va plus vite en besogne; on a besoin de moins de monde et on met plus vite à l'abri sa vendange.

— Une fois la fermentation produite et la goutte tirée, on extrait successivement la vendange des cuves et on la place dans un pressoir en forme de barrique à jour dans lequel la pression s'exerce de haut

Fig. 64. — Intérieur d'un « cuvier ».

en bas. Le jus passe à travers les lames du pressoir et est recueilli sur le plancher incliné qui forme cuvette. Un tuyau, placé à l'extrémité de ce plancher, descend à l'étage inférieur et conduit le vin dans les barriques qu'on roule ensuite dans les chais, car, dans le Bordelais, on ne conserve pas le vin en caves, mais dans des magasins dont le sol est à peine plus bas que le sol extérieur.

— Et leur vin se garde bien là-dedans ?

— Parfaitement ; ces chais sont très vastes ; les terres accumulées contre les murs les protègent des fortes chaleurs ; ils sont en outre plafonnés et souvent recouverts d'une double toiture.

— Nous avons aussi des magasins, mais il ne nous servent que pour ranger les fûts à mesure qu'on les remplit, car il serait parfois dangereux de les rouler tout de suite dans les caves.

— Oui, à cause du gaz acide carbonique qui se dégage du vin nouveau, il s'évapore dans les pressoirs ou magasins, toujours très aérés, tandis qu'il s'accumulerait et pourrait produire des accidents dans des endroit clos, comme le sont les caves.

Allons, Roger, retourne vers Justin, tu ne m'écoutes plus ; du reste ce que j'ai à dire intéresse surtout M. Morlot, et puisque l'occasion s'en est présentée, je vais m'entendre avec lui.

— Que fait-on du marc dans les pays qui produisent de si grandes quantités de vin? demanda le fermier, quand l'enfant fut parti. Ici, moi, je m'en sers comme engrais.

— Vous ne l'utiliserez plus comme engrais, sans avoir extrait l'alcool qu'il contient, car, à côté de votre pressoir, vous aurez une petite distillerie.

— Je ne voulais pas vous la demander, dit M. Morlot avec le sourire matois du paysan qui en est venu à ses fins, mais je suis bien aise que vous me l'ayez offerte. J'aurais grand besoin aussi d'avoir, pour préparer les tonneaux, un emplacement plus vaste que celui que j'ai maintenant. Il faut non seulement qu'on puisse y nettoyer les fûts au moment de les remplir de vin nouveau, mais encore qu'on puisse les réparer, les *relier* en y ajoutant des cercles lorsqu'ils doivent voyager. Une sorte de tonnellerie, enfin (fig. 65).

— C'est entendu ; nous la mettrons au-dessus des caves que je voudrais ne pas placer sous le pressoir; car il faudrait alors établir les voûtes dans des conditions exceptionnelles de solidité, puisqu'elles auraient à supporter l'énorme charge des cuves, et à résister à la trépidation occasionnée par les mouvements du pressoir et des wagonnets Maintenant, de quelle surface avez-vous besoin pour vos caves?

— Oh! pour cela, il faut la mettre en rapport avec l'importance de ma récolte, afin que je puisse conserver, en cave, le vin d'au moins deux années.

— Mais rien n'est plus facile, alors. Combien faites-vous de pièces de vin?

— Cent tonneaux, bon an, mal an.

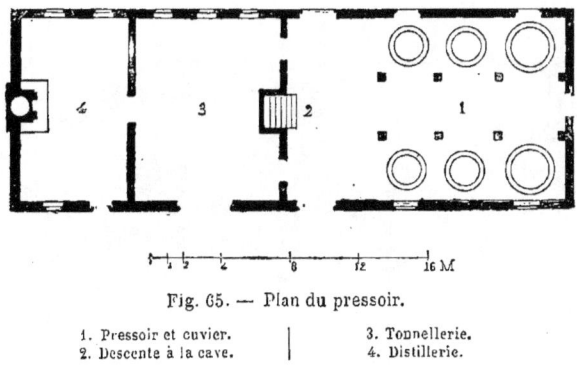

Fig. 65. — Plan du pressoir.

1. Pressoir et cuvier.
2. Descente à la cave.
3. Tonnellerie.
4. Distillerie.

— Chaque tonneau a environ 90 centimètres de longueur et l'intervalle nécessaire pour le manœuvrer est de 1$^m$,20. Si on suppose les fûts placés le long des murs, une cave à double rang de tonneaux, un à droite, un à gauche, devra avoir $2 \times 0^m,90 = 1^m,80$ plus 1$^m$,20 de passage entre eux, c'est-à-dire 3 mètres. Pour quatre rangées de tonneaux avec deux passages, il lui faudra 6 mètres; pour six rangées avec trois passages, 9 mètres.

— Tiens, c'est vrai, dit M. Morlot, tout étonné de voir que les calculs de M. Aubair se trouvaient si bien d'accord avec les habitudes de sa routine.

— Puisque nous savons, reprit l'architecte, les dimensions que chaque rangée de tonneaux doit avoir en largeur, nous n'avons plus à nous préoccuper que de celles qu'elles doivent avoir en longueur. Cette longueur doit être calculée d'après la largeur des fûts et le nombre de rangs de barrique que vous « gerbez » ou mettez l'un sur l'autre (fig. 66).

Au moment de la récolte, il faut presque toujours placer trois rangs de tonneaux l'un sur l'autre, mais ce nombre diminue peu à peu et se réduit à deux, ce qui facilite la surveillance, permet de

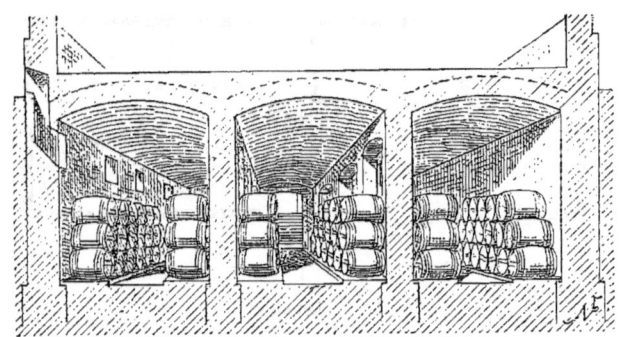

Fig. 66. — Intérieur de la cave.

remplacer facilement, dans les fûts, la portion du liquide évaporée, et donne aussi plus de commodité pour l'importante opération du soutirage.

— Comment, fit M. de Charly, même pour une cave, vous calculez ses dimensions à l'avance en prévoyant l'emplacement de chaque tonneau?

— Une cave, comme toute autre partie d'un bâtiment, ne doit jamais être abandonnée au hasard. Il est non pas seulement utile, mais absolument indispensable d'approprier les dimensions d'une construction à son usage; c'est une règle à observer pour tout bâtiment, quelle que soit sa destination. C'est pourquoi il faut qu'un architecte connaisse à l'avance la destination de toutes les parties d'une habitation et l'importance et la nature du mobilier qui la garnira, afin de donner aux pièces la disposition, la forme et les dimensions qui leur conviennent. Combien de fois entend-on dire qu'une chambre est inhabitable bien qu'étant plus vaste qu'une autre réputée agréable et commode. C'est tout simplement parce que, dans cette chambre, la place des portes et des fenêtres, aussi bien que celle des différents meubles, a été abandonnée au hasard ou n'a été déterminée que par le désir de donner satisfaction aux exigences d'une méticuleuse et tyrannique symétrie.

— C'est justement, monsieur, ce qui est arrivé pour la maison de mon beau-frère, dont je vous parlais l'autre jour. Il y a des chambres où on ne peut pas faire un pas sans se heurter contre quelque meuble ; d'autres où les meubles ont l'air de danser et de se courir après. Quand on est assis, au coin du feu, on se trouve contre une porte qui vous force à vous déranger chaque fois qu'entre quelqu'un ; quand on veut voir clair, il faut s'approcher des fenêtres et braver des vents coulis. Le bureau de mon beau-frère est placé de manière à ce que, lorsqu'il écrit, sa main lui cache le jour, et je ne parle pas des cheminées qui fument.

— Soyez tranquille, monsieur Morlot, nous tâcherons de vous faire une maison où les pièces auront des dimensions convenables, où chaque meuble trouvera sa place, où les cheminées ne fumeront pas, où les portes et les fenêtres ne donneront pas de vents coulis, et vous serez, sur votre table de travail, éclairé à gauche.

## CHAPITRE XVI

DANS LEQUEL ROGER APPREND A CONNAITRE L'AGE DES ARBRES.

Le moment des vendanges est toujours un temps de réjouissances dans les campagnes, et Roger savait en prendre largement sa part; mais cette année M. et madame de Charly étaient en deuil d'un parent éloigné et le château ne reçut pas ses hôtes habituels. Roger se rabattit donc sur la ferme et ne s'en plaignit pas. A la petite troupe des enfants du fermier, était venue se joindre celle de leurs cousins et cousines; M$^{me}$ Morlot, malgré le surcroît de besogne que lui amenait l'augmentation du nombre des travailleurs, trouvait encore le temps de pétrir tartes et galettes dont on se régalait à cœur-joie, en buvant du vin doux sortant de la cuve. Aussi, la ferme nouvelle, dont le projet avait si vivement intéressé Roger depuis un mois, fut un peu négligée; mais lorsque le vin fut tiré, que les petits cousins et les petites cousines furent retournés chez eux et que les vendangeurs, morvandaux et morvandelles, eurent dansé devant le perron du château, en manière d'adieux, le jeune garçon trouva la ferme bien vide et pensa à aller voir ce que faisait M. Aubair.

Un matin donc, l'architecte le vit entrer dans son atelier, où l'enfant n'avait pas mis les pieds de toute la semaine. Il était un peu penaud, craignant quelque plaisanterie qui lui eût été plus sensible qu'un reproche, et vint, sans rien dire, s'accouder sur la table de M. Aubair.

— Eh bien, dit celui-ci, et cette belle ardeur pour le métier d'architecte, qu'est-elle donc devenue ?

Roger balbutia quelques mots.

— Pour te punir de ta désertion, tu vas me conduire au bois des grandes fosses, où ton père a fait abattre des chênes et des châtaigniers, l'année dernière, en prévision des travaux qu'il voulait entreprendre. Je ne serai pas fâché de les examiner.

Le jeune garçon, trouvant que le châtiment ressemblait fort à une récompense, dégringola rapidement le perron en précédant M. Aubair.

Une douzaine de beaux arbres étaient étendus par terre, sur la lisière du bois. C'était une partie de ceux dont avait parlé l'architecte, qui les examina successivement.

— Je me demande, dit Roger, pourquoi papa n'a pas fait mettre ces bois à couvert, puisqu'il avait l'intention de s'en servir ? Ici ils doivent avoir pourri, et ne seront plus bons à rien.

— Tu te trompes, mon ami. Le bois, à l'air, ne pourrit pas : l'humidité qu'il contient s'évapore et il devient alors apte aux divers usages auxquels on veut l'employer. Il pourrit quand on l'enferme dans l'humidité, dans l'intérieur de la maçonnerie par exemple. C'est là une des causes qui fait que, maintenant, on substitue le fer au bois, dans la construction des planchers ; une autre cause de cette substitution, est la rareté du bois qui augmente de jour en jour. Ces bois que tu vois ne sont pas abattus depuis assez longtemps pour être avantageusement employés comme bois de charpente ou de menuiserie ; il faudrait, pour cela, qu'il fussent abattus depuis plusieurs années, et cependant ils valent encore mieux que ceux qu'on trouverait dans le commerce. Ces derniers sont, le plus souvent, complètement verts, c'est-à-dire qu'ils ont conservé toute leur sève.

— Quels inconvénients cela offre-t-il dans la construction?

— De très grands, car ils pourrissent très vite et peuvent compromettre la solidité du bâtiment et en amener la ruine.

— Voyez donc, monsieur, dit Roger, qui s'était mis à califourchon sur l'un des arbres et se penchait de côté, pour examiner la section laissée sur le tronc par le trait de la scie; voyez donc ces cercles qui vont, en s'élargissant, du cœur à l'écorce.

— Oh! je les connais; ce sont les cercles concentriques à l'aide desquels tu peux reconnaître l'âge d'un arbre.

— Son âge?

— Oui. Dans les climats tempérés, comme le nôtre, un arbre s'accroît chaque année d'un de ces cercles : on n'a donc besoin que de les compter pour savoir combien d'années l'arbre a vécu. C'est pour cette raison qu'on appelle ces cercles, cercles annuels.

— C'est très curieux! Mais pourquoi ces cercles ne sont-ils pas réguliers? En voilà qui sont plus larges que d'autres?

— Cela vient de ce que l'arbre ne pousse pas toujours avec une vigueur égale. Toi-même, grandis-tu tous les ans du même nombre de centimètres? Non, n'est-ce pas? Tu vas rester quelques mois, un an peut-être sans grandir, et puis, tout à coup, tu te mets à pousser : tes habits deviennent trop courts et trop étroits. Eh bien, il en est de même de l'arbre; parfois sa croissance s'arrête. Il y a des années de sécheresse, de froid, pendant lesquelles il souffre et prend peu ou point de développement.

— Ainsi, grâce à ces cercles, on peut savoir non seulement l'âge d'un arbre, mais aussi son histoire, regardez encore, monsieur; l'un de ces cercles, celui qui vient immédiatement sous l'écorce, est de nuance plus claire que les autres.

— C'est le dernier formé : les fibres du bois sont trop jeunes, elles n'ont pas encore pris la couleur des autres couches ; on appelle cette partie de l'arbre *aubier*. L'aubier est peu résistant, il se détériore rapidement et, en débitant le bois destiné à la construction, on a soin de l'enlever.

— Débiter des bois, qu'est-ce que cela veut dire?

Fig. 67. — Les scieurs de long.

— C'est diviser une *bille*, ou pièce de bois brute, et la convertir en madriers, chevrons, planches, voliges, etc. La difficulté consiste à en tirer le meilleur parti possible, c'est-à-dire à éviter les déchets, tout en conservant au bois ses qualités essentielles.

— J'ai déjà vu des charpentiers travailler. Ils posent la bille, comme vous dites, sur des tréteaux ; deux ouvriers se placent l'un sur la pièce de bois, l'autre dessous, et, avec une longue scie que tous deux tirent alternativement, ils suivent des lignes qui divisent la pièce de bois dans le sens de la longueur.

— C'est, en effet, le procédé employé ordinairement ; on l'appelle sciage sur cercles annuels, et il est, tu le vois, d'une extrême simplicité ; cependant, il s'en faut que ce soit le meilleur.

— Il y en a donc d'autres ?

— Certainement, et tu vas comprendre ce qui rend ce mode de sciage défectueux, par ce que je te disais tout à l'heure. Un nouveau cercle se formant chaque année, le cœur de l'arbre, par conséquent, est plus dur que les parties rapprochées de la circonférence. En sorte que si, par exemple, on veut obtenir des planches en sciant les arbres par la méthode dite sur cercles annuels, et M. Aubair accompagnait son explication de tracés faits sur le tronc de l'arbre au moyen de son canif, il arrivera que les planches n'auront pas partout la même résistance : elles seront plus dures au milieu que sur les bords ; elles tendront, par conséquent, à se gercer, à se fendre, à se *voiler*, ou, si tu l'aimes mieux, à se courber en subissant l'influence de la sécheresse ou de l'humidité. Il en résultera que les objets auxquels on les aura employés, parquets, planchers, portes ou lambris, joueront, se gondoleront ; qu'ils seront fort laids, et, de plus, ne seront pas solides.

Ce procédé cependant, comme je le disais, est le plus en usage parce qu'il donne moins de déchets, de perte, et qu'il exige moins de travail : partant il est plus économique.

— Mais vous me disiez qu'il y avait plusieurs méthodes pour scier les troncs d'arbes ?

— Attends donc un peu. Tu veux toujours aller trop vite. Après le sciage sur cercles annuels (fig. 68), il y a le sciage sur mailles (fig. 69), dans lequel les bois sont débités en suivant la direction *des conduits rayonnants*, c'est-à-dire allant du centre à la circonférence ; le cœur du bois, la partie la plus dure, ne se trouve pas au milieu des planches, mais à l'extrémité de quelques-unes, les planches sont ainsi composées de parties plus homogènes, ayant la même résistance, elles subissent moins les influences du chaud et de l'humidité et tendent moins à se déformer.

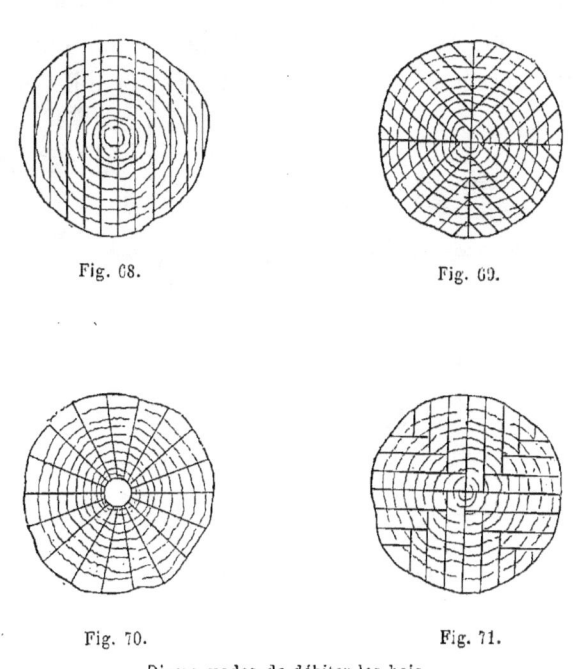

Fig. 68.   Fig. 69.

Fig. 70.   Fig. 71.

Divers modes de débiter les bois.

Après la méthode sur mailles, il y a la méthode hollandaise (fig. 70), qui suit les lignes rayonnantes, celles qui vont du centre à la circonférence, comme je te l'indique.

— Mais alors les planches seront plus épaisses à un bord qu'à l'autre.

— Ce sera peu sensible ; et un coup de rabot aura bientôt fait disparaître la différence. C'est un peu plus d'ouvrage, par conséquent une augmentation de dépense; mais, en revanche, la menuiserie faite avec ces bois sera beaucoup plus solide et moins sujette à se déformer.

Enfin il existe un autre mode de sciage qui perfectionne le sciage sur mailles et n'oblige pas à couper en biseau l'extrémité des planches ou madriers (fig. 71).

— En somme, fit Roger, on débite le bois en allant transversalement d'une écorce à l'autre, en partageant la bille en quatre et en

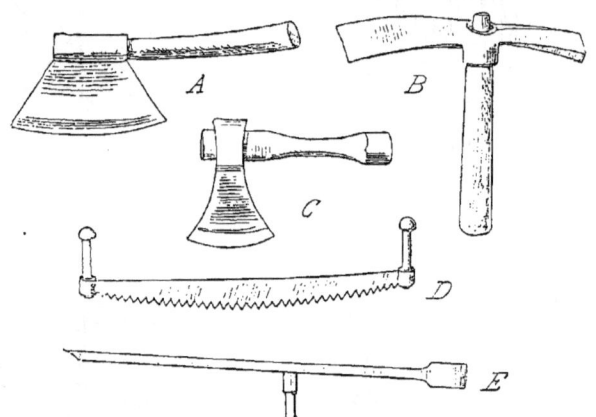

Fig. 72. — Divers outils du charpentier.

divisant chaque triangle ou bien sciant du centre à la circonférence. C'est la première méthode qui est la plus mauvaise, mais c'est celle qui est le plus en usage; la dernière est la meilleure, c'est celle dont on se sert le moins.

— Voilà mes explications résumées de façon à montrer que tu les as comprises, et, si tu veux, je vais utiliser le reste du temps de notre halte à t'apprendre les noms et l'usage des divers outils dont se servent les charpentiers. Je te les dessine au fur et à mesure: écoute et regarde donc à la fois.

Voici (fig. 72) la dolloire A avec laquelle le charpentier prépare les parements, les faces de ses bois.

L'herminette B, hache dont le tranchant est, comme tu le vois, perpendiculaire au manche, au lieu de lui être parallèle comme dans les haches ordinaires, et qui sert à enlever l'aubier et l'écorce des arbres.

La cognée C sert à fendre les troncs.

La scie à quatre mains D dont la manœuvre exige deux ouvriers.

La bisaiguë E, longue barre de fer aplatie à une de ses extrémités, pointue à l'autre, et avec laquelle le charpentier enlève les nœuds restés sur les parements du bois ou creuse les mortaises (fig. 73), c'est-à-dire les vides dans lesquels se logent les parties saillantes appelées tenons au moyen desquelles on réunit ou assemble deux pièces de bois.

Maintenant en route; nous causerons en nous en allant, si tu veux.

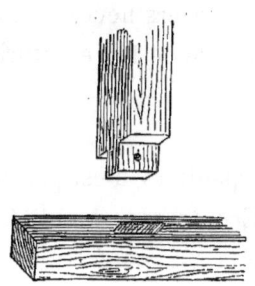

Fig. 73. — Tenon et mortaise.

# CHAPITRE XVII

LES ANCIENNES COMPAGNIES D'OUVRIERS.

De tous les ouvriers du bâtiment, les charpentiers sont ceux qu'il est le plus facile de recruter, en province, dans de bonnes conditions, reprit M. Aubair, une fois qu'il se fut remis en marche. Ils doivent avoir une mère à La Charité ; nous irons, au besoin, nous adresser à elle pour nous procurer les ouvriers nécessaires à nos travaux.

— Une mère ! Et la figure de Roger exprima le plus complet ahurissement.

M. Aubair sourit :

— La mère des charpentiers n'est pas leur mère dans le sens que tu donnes à ce mot. Écoute-moi bien. Autrefois, tous les corps de métier étaient organisés en confréries ou compagnies, qui enrôlaient dans leurs rangs les ouvriers vivant de ce métier. Ces ouvriers prenaient alors le nom de compagnons et avaient un centre de réunion, le plus souvent une auberge tenue par une femme qui prenait le nom de mère.

Ces confréries sont d'origine très ancienne. Elles avaient pour but de recruter les ouvriers nécessaires à l'exercice de chaque profession ; d'apprendre à ces ouvriers à bien s'acquitter de leur tâche et à y devenir habiles. Elles les aidaient à trouver de l'ouvrage, les soutenaient en cas de maladie, et enfin, par leur réunion en un corps, leur permettaient de résister aux injustices, aux exigences et aux vexations des patrons.

Ces compagnies se distinguaient entre elles sous les noms de : compagnie du Devoir, de la Fidélité, de l'Espérance, du Ferme Soutien. Si ces noms étaient un peu pompeux, ils avaient l'avantage d'être, pour ceux qui y étaient enrôlés, une sorte de programme qu'ils devaient tenir à honneur de respecter et de remplir.

M. Aubair, remarquant que Roger paraissait lui prêter une oreille attentive, continua :

— La réception des nouveaux membres d'une confrérie se faisait d'après un cérémonial fixé à l'avance et composé d'épreuves naïves, quelque peu enfantines même, et qui ne sont plus guère en rapport avec nos mœurs. On affublait l'ouvrier qui demandait à subir l'épreuve de la réception d'un surnom grotesque. Chez les menuisiers, par exemple, on l'appelait Peau de chèvre. Le compagnon chargé de lui faire subir les épreuves, de le *raboter*, selon l'expression consacrée, s'adressait à tous les compagnons réunis et s'exprimait ainsi :

« Que le bonheur soit avec vous ! Que Dieu bénisse l'honorable compagnie ! Je le déclare, avec votre permission, il y a ici un gâte-bois, un batteur de pavés, un meurtrier de cerceaux, qui me suit partout. Il avance vers le seuil, il recule, il entre avec moi. Il dit, qu'après avoir été raboté, il sera bon compagnon, comme un autre, etc... Je vais donc le raboter et l'instruire comme mon parrain m'a instruit. »

On introduisait alors l'apprenti. Il portait un tabouret qu'il posait sur la table et s'asseyait dessus.

Tous les compagnons s'approchaient et tiraient son tabouret pour le faire tomber; mais le parrain le retenait par les cheveux et le maintenait à sa place. Des épreuves du même genre se répétaient à plusieurs reprises. Enfin, l'assemblée déclarait le *Peau de chèvre* un bon et brave compagnon; et le nouvel initié s'élançait dans la rue en criant : au feu ! Tous les compagnons le poursuivaient et l'aspergeaient d'eau froide; puis ils rentraient avec lui pour boire et manger, à ses frais.

Le compagnon entrait ensuite dans un atelier et devait faire son tour de France, c'est-à-dire aller de ville en ville en exerçant son métier, afin de s'y perfectionner.

C'était alors que son affiliation à la société lui rendait de grands services. Dès qu'il arrivait dans une ville, il allait trouver la mère des compagnons.

C'était une brave femme, élue par la compagnie, et qui, comme je te l'ai dit, tenait une auberge dans laquelle se réunissaient et habitaient les membres de la confrèrie à laquelle appartenait l'ouvrier voyageur. Elle accueillait toujours bien le nouveau venu et non seulement le logeait et le nourrissait, mais encore le soignait, en cas de maladie, l'aidait de sa bourse autant que de ses conseils. Il la payait sur le premier argent qu'il gagnait ; car, aussitôt arrivé, ses camarades lui procuraient de l'ouvrage.

Quand, une fois, il était habitué au genre de travail en usage dans le pays, il allait plus loin continuer l'exercice de sa profession ; mais jamais il ne devait laisser de dettes derrière lui, sous peine d'expulsion de la compagnie.

Le jour du départ d'un compagnon, les deux plus anciens allaient prendre le voyageur et l'accompagnaient jusqu'aux portes de la ville. Ils étaient armés de longues cannes ornées de rubans multicolores. Tous les compagnons suivaient, chantant, à tue-tête, quelque refrain de circonstance.

Fig. 74. — Le vieux château.

La bande s'arrêtait au dernier cabaret, on buvait le coup du départ, et le compagnon continuait seul sa route jusqu'à la ville voisine où il retrouvait l'aide et la protection qu'il venait de quitter.

— Mais c'était une excellente institution que ce compagnonnage ! déclara Roger.

— Le compagnonnage avait, en effet, beaucoup de bon ; d'abord il aidait considérablement l'ouvrier à se perfectionner dans l'exercice de sa profession ; ensuite, il le maintenait dans le sentiment du devoir et de la stricte probité, car un compagnon qui, pour un méfait quelconque, était expulsé d'une confrérie, se trouvait, par cela même, expulsé de toutes les autres. Il subissait ainsi un préjudice énorme, puisqu'il ne pouvait que difficilement trouver de l'ouvrage. La crainte d'une expulsion contribuait beaucoup à le faire devenir bon ouvrier, et à le faire rester un honnête homme.

— Et pourquoi n'y a-t-il plus de ces sociétés ?

— Il en existe encore quelques-unes ; mais la facilité des communications, la nécessité de réunir un nombre considérable d'ouvriers dans une même ville pour y exécuter rapidement de grandes entreprises, l'emploi des procédés mécaniques, l'augmentation du nombre de travailleurs et de patrons, tendent à les faire disparaître.

La confrérie des charpentiers a cependant conservé son organisation dans la plupart des villes de France ; et c'est pour cela que je te disais qu'en nous adressant à la mère des charpentiers de La Charité, nous pourrions, par son intermédiaire, nous procurer les ouvriers dont nous aurons besoin.

— Qu'est cela ? demanda tout à coup M. Blutel en s'arrêtant sur le bord du chemin en face de bâtiments presque en ruines et qui paraissaient abandonnés.

— C'est le vieux château (fig. 74), répondit Roger.

— Me voilà tout à fait renseigné.

— C'est le château autrefois habité par grand-père avant qu'il eût acheté la maison où nous sommes. Grand'mère y est morte, il y a bien longtemps ; mais sa chambre est encore conservée et maman ne veut pas qu'on y dérange la moindre chose. Le photographe de Nevers était venu une fois prendre une vue de ces vieux bâtiments, parce que maman voulait en conserver le souvenir avant qu'ils ne s'écroulent, mais il n'a pu réussir.

— Voilà une explication détaillée et que tu as très bien fait de me donner, je vais tâcher de faire un dessin du vieux château et tu le donneras à ta mère.

— Oh ! que maman sera contente !

— Assieds-toi près de moi ; je vais profiter de l'occasion pour te donner une leçon de dessin.

Commençons par tracer la ligne de terre ; puis plaçons la face étroite du bâtiment, celle qui est terminée, par un triangle, le pignon. Remarque que l'extrémité de ce bâtiment, bien qu'ayant la même hauteur que l'angle placé près nous, nous semble plus basse, et que les lignes du toit et du sol, qui cependant sont parallèles, nous semblent devoir se rencontrer ; c'est là un effet de la perspective : je te l'expliquerai une autre fois.

— Mais, monsieur, il y a des fenêtres dans ces façades et vous ne les indiquez pas.

— Tu as, mon cher Roger, une excellente habitude, c'est de demander les choses que tu ignores ; mais tu la fais dégénérer en abus et tu évites ainsi à ton esprit toute réflexion et tout raisonnement ; il faut prendre sur toi de ne pas faire de questions à tort et à travers et de réfléchir pour t'assurer que tes questions ne sont pas oiseuses et que tu ne pourrais tout seul trouver les réponses dont tu as besoin. Ainsi tu pouvais très bien remarquer sans mon aide que je cherchais d'abord à mettre d'aplomb et à leur place l'ensemble des bâtiments ; que j'indiquais d'abord leur masse, et qu'une fois la forme générale bien arrêtée, je reprenais les détails, c'est-à-dire les parties secondaires, comme je le fais en ce moment. Tu vois que ma tâche se trouve ainsi simplifiée. Je trace la cheminée, les fenêtres, le balcon, le couronnement de ce petit escalier laissé apparent sur le toit. Quant à la couverture, c'est le dessus que j'aperçois de ce côté, tandis que de l'autre côté, c'est, au contraire, le dessous ; un simple trait peut suffire pour faire comprendre la forme de l'objet que je veux représenter ; mais si je veux accuser plus distinctement cette forme, j'*ombre* cet objet, c'est-à-dire que je montre la façon dont il est éclairé.

— Ombrer un objet n'est donc qu'indiquer la façon dont cet objet est éclairé ?

— Pas autre chose. Ainsi, en ce moment, de quel côté la lumière du soleil nous vient-elle ?

— Derrière nous.

— Quelle est la partie de la grande maison qui se trouve éclairée ?

— C'est celle qui est en face, le pignon, on le voit très blanc.

— Je la laisse donc comme elle est et j'*ombre* au contraire la face latérale que tu vois toute grise ; regarde comme les différentes faces de mon bâtiment s'accusent de cette façon.

— C'est vrai, et cela paraît bien simple.

— Tu aurais pu trouver tout cela tout seul, et puisque tu le sais, ne l'oublie pas, car j'ai à ce sujet bien d'autres explications à te donner. Je terminerai mon dessin à la maison et tu pourras le donner ce soir à ta mère.

# CHAPITRE XVIII

### LES ÉCURIES DU CHATEAU ET LES ÉCURIES DE LA FERME.

Les écuries du château n'étaient pas convenablement installées. M. Aubair avait, sur la demande de M. de Charly, proposé à cet effet un projet qui, à part quelques modifications, pouvait être utilisé pour les écuries de la ferme.

M. de Charly lui donnait à ce sujet des renseignements et des indications dont il faisait son profit. De tous les animaux domestiques, le cheval est celui dont la santé et le bon état exigent le plus de soins. Son prix, toujours élevé, oblige son propriétaire à prendre des précautions très minutieuses pour assurer sa conservation et le mettre à même de pouvoir toujours rendre des services en rapport avec sa force et sa vigueur.

Le cheval, d'ailleurs, est l'un de nos serviteurs les plus utiles et les plus dévoués, celui qui inspire le plus d'affection à son maître. On voit toujours un bon cavalier, après une longue course, prendre soin de son cheval et le soigner avant de songer à lui-même.

L'écurie, c'est-à-dire le logement qu'habite le cheval, exerce, par sa forme, ses dimensions et son installation, une influence considérable et incontestée sur la santé du cheval.

Les conditions hygiéniques nécessaires au bon état du cheval sont, du reste, les mêmes, quel que soit le genre de travail auquel il est destiné. Il existe cependant des conditions spéciales qui varient suivant l'espèce et la race auxquelles appartiennent les chevaux.

Ainsi les chevaux de courses, les chevaux de luxe, ne sont pas assujettis aux mêmes labeurs que les chevaux de trait : ceux-ci traînent de lourdes charges ; on les attelle à la charrue, et ils ne passent à l'écurie que le temps strictement nécessaire pour prendre leur nourriture et réparer leurs forces. Les autres, au contraire, se reposent bien plus longtemps qu'ils ne travaillent. Mais tous les chevaux, indistinctement, doivent habiter une écurie saine, à l'abri de l'humidité ; car les chevaux peuvent, comme les hommes, contracter des douleurs rhumatismales qui les mettent hors de service. Il faut, en outre, que les écuries soient chaudes en hiver, fraîches en été, sans être, pour cela, munies d'appareils de chauffage ou traversées par des courants d'air.

— Voilà un problème qui ne paraît pas facile à résoudre, fit Roger.

— On y parvient cependant sans grande peine : une écurie se maintient facilement à un degré de température convenable, grâce à la réunion des animaux et à la chaleur qu'ils développent ; d'un autre côté, on assure le renouvellement de l'air au moyen de ventilateurs ménagés à travers le plancher et pourvus, à leur extrémité, d'un appareil giratoire analogue à ceux qu'on place au-dessus des cheminées et dont les mouvements facilitent le renouvellement de l'air.

Quant aux dimensions de l'écurie, on les calcule de façon à donner à chaque cheval de 30 à 40 mètres cubes d'air.

Les stalles doivent avoir au moins $1^m,65$ en largeur, et $4^m,50$ de longueur. Le cheval ayant $2^m,50$ de long, il lui reste ainsi 1 mètre environ pour sa mangeoire, et un mètre pour se reculer et se mouvoir (fig. 75).

— Est-ce que vous les séparerez par des stalles ?
— Bien entendu, sans cela ils se battraient et pourraient se blesser.
— C'est vrai. L'année dernière, chez M. Morlot, deux chevaux se

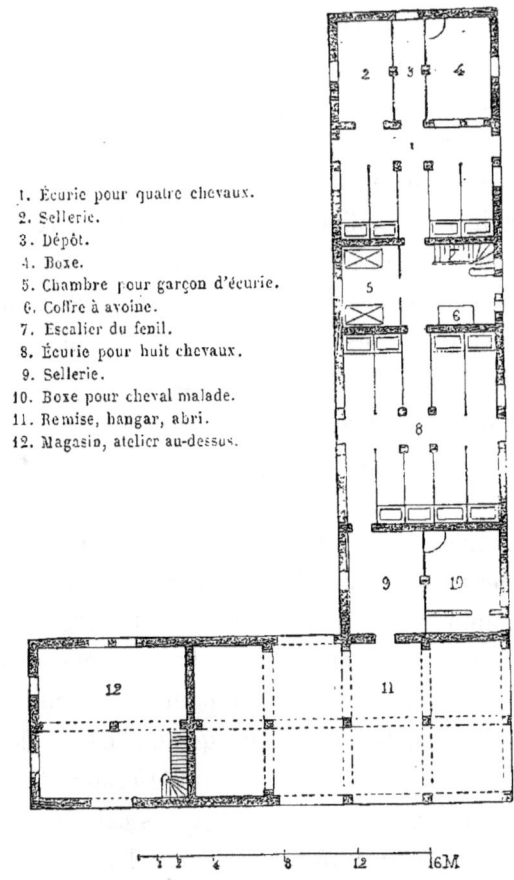

1. Écurie pour quatre chevaux.
2. Sellerie.
3. Dépôt.
4. Boxe.
5. Chambre pour garçon d'écurie.
6. Coffre à avoine.
7. Escalier du fenil.
8. Écurie pour huit chevaux.
9. Sellerie.
10. Boxe pour cheval malade.
11. Remise, hangar, abri.
12. Magasin, atelier au-dessus.

Fig. 75. — Plan des écuries et remises.

sont battus au point de ne pouvoir travailler pendant plus de quinze jours. Au moins, avec des stalles, chaque animal sera chez lui ; il aura son râtelier et sa mangeoire et sera à l'abri des coups d'un mauvais voisin (fig. 76).

— Les stalles servent aussi à empêcher un cheval gourmand de manger la part de son compagnon plus sobre ou moins pressé, comme

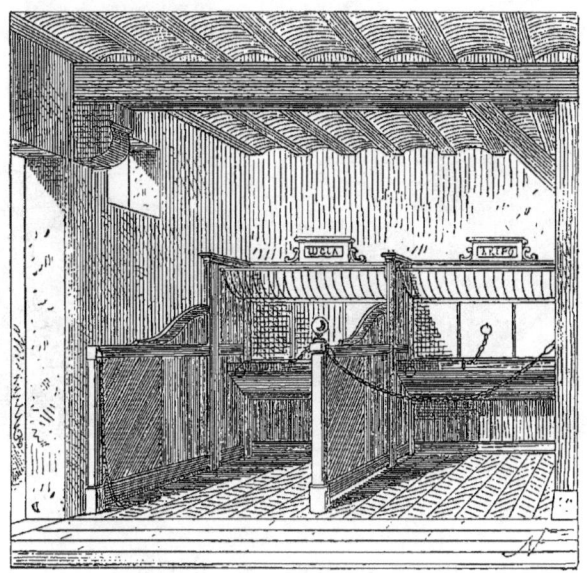

Fig. 76. — Les stalles des écuries.

il a la facilité de le faire quand les râteliers règnent tout le long du mur, sans séparation.

Les mangeoires pour écuries peuvent être en fonte émaillée; c'est un système très propre et très solide; on les établit maintenant assez bon marché pour que leur usage puisse être général.

— Et où logerez-vous le garçon d'écurie? demanda Roger, le percherez-vous aussi en haut, comme le bouvier de Champvoux?

— Peut-être bien; mais peut-être aussi lui réserverons-nous une petite chambre, à l'extrémité du bâtiment, avec une large fenêtre ouverte sur l'écurie, de manière que, de son lit, il puisse la surveiller d'un coup d'œil.

— C'est Jean qui va être fier, s'il possède une chambre à lui !

— Quant à l'extérieur (fig. 77), les écuries seront construites aussi économiquement que possible, sans, bien entendu, rien sacrifier

Fig. 77. — Les écuries et remises.

à la solidité ou à l'utilité ; les écuries du château seront plus élégantes et se raccorderont avec l'architecture des autres bâtiments.

Il en sera de même à l'intérieur : les stalles, les râteliers, les mangeoires, seront plus fins, plus soignés dans les écuries du château que dans celles de la ferme ; au château, les murs seront revêtus de carreaux de faïence et, en face de chaque cheval, nous réserverons la place d'un petit écusson portant son nom et celui « des auteurs de ses jours ». Pour la ferme, au contraire, nous nous contenterons de blanchir les murs à la chaux, ainsi que les plafonds, de manière à rendre prompt et facile l'entretien de la propreté.

— Mais, dit Roger, Jean prétend que cela ne vaut rien de nettoyer les écuries; qu'il est bien préférable de laisser les araignées y établir leurs toiles, parce qu'elles prennent les mouches et les empêchent ainsi de tourmenter les chevaux.

— Oui, je le sais bien; mais je ne suis pas éloigné de croire que cet amour pour la malpropreté est un proche parent de la paresse. Quoi qu'il en soit, nous commencerons par faire à M. Morlot une écurie propre; si son garçon veut laisser les toiles d'araignées s'y amasser, ce sera son affaire.

— Ne faudra-t-il pas, dit M. Aubair, penser aux chevaux malades et aux juments qui ont des poulains?

— Si vous voulez, nous disposerons, pour eux, à une des extrémités du bâtiment, une écurie spéciale avec des boxes, ou compartiments fermés, mais plus grands que ceux de l'écurie principale. Il faut que les chevaux qu'on y renfermera puissent s'y mouvoir en liberté.

Près de là, nous réservons une petite pièce pour les coffres à avoine.

— Et M. Morlot y adaptera une bonne serrure, dit M. de Charly; il connaît le prix de l'avoine et ne veut pas la laisser à la discrétion de domestiques négligents. D'ailleurs ce n'est pas seulement là une question d'économie; l'avoine donnée avec excès aux chevaux, nuit à leur santé.

— Nous aurons aussi une sellerie et nous la ferons assez grande, car il faut pouvoir y déposer les harnais, les y nettoyer quand les chevaux rentrent du travail, et même les réparer en cas de besoin.

— Vous ne craignez pas, dit M. de Charly, que cette proximité des écuries nuise aux harnais?

— Il s'agit ici seulement de la sellerie de la ferme. Les pièces qui composent le harnachement d'un cheval de trait sont trop solidement établies, et les matières employées trop résistantes pour que les vapeurs du fumier ou celles causées par la transpiration des animaux puissent leur causer quelque dommage. Ce voisinage de la sellerie, au contraire, est fort désirable ; il facilite l'enlèvement et le dépôt des harnais, trop lourds pour être continuellement montés, descendus, ou transportés un peu loin.

Quant à la sellerie du château, nous la placerons à quelque distance de l'écurie, et au premier étage, pour qu'elle soit à l'abri des inconvénients que vous signalez. Nous conserverons même les harnais de luxe ornés de cuivre, les mors, brides, etc., dans des armoires bien closes.

## CHAPITRE XIX

OU ROGER APPREND A RAISONNER ET A CONSTRUIRE UN FOUR.

Veux-tu, ami Roger, que nous préparions ensemble la construction du four ? et, en ce cas, commence par me dire ce qu'est un four.

— C'est une « chose » pour faire cuire.

— A ce compte-là une marmite serait un four, car on fait cuire dans une marmite aussi bien que dans un four. Cherche la différence.

— Je ne vois pas comment la faire comprendre.

— Si tu le comprenais tu l'exprimerais. Où place-t-on le feu, le foyer pour faire bouillir la marmite ?

— Dessous.

— Et pour chauffer le four, que ce soit un four à chaux ou un four à pain comme celui que nous allons construire ?

— Dedans.

— Ah ! Vois-tu la différence ?

— Le four est un endroit qui sert à la cuisson et dans lequel le foyer est placé à l'intérieur.

— Ta définition n'est pas très correcte, mais elle montre que tu sais ce que tu veux dire.

— Quant au four à pain, c'est le four qui sert à la cuisson du pain, cela va de soi. Mais on s'en sert aussi pour la cuisine, pour faire sécher les fruits, les fromages, etc.

— Tu m'as dit que dans le four, le foyer, le feu était placé à l'intérieur, et le tuyau par où doit s'échapper la fumée, où se trouve-t-il ?

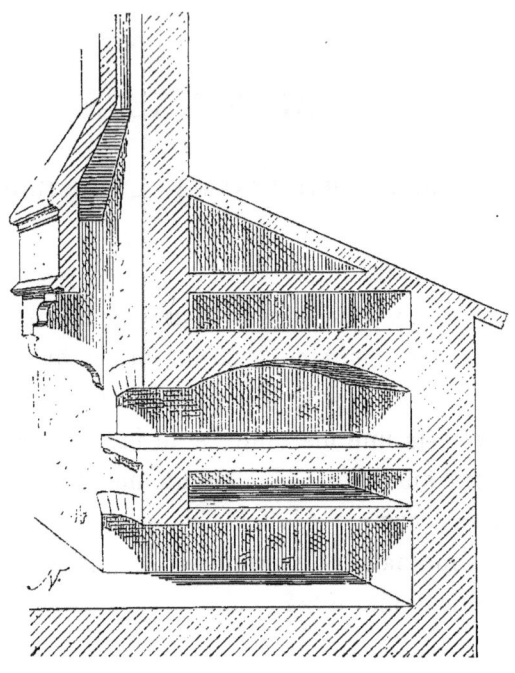

Fig. 78. — Coupe du four.

— A l'entrée, près de la porte.

— Pourquoi ?

— Parce que..... s'il était placé au milieu ou à l'autre extrémité toute la chaleur du four s'en irait par là, tandis que placé près de la porte, il oblige la fumée à parcourir tout l'intérieur du four avant de sortir. La flamme et la fumée sèchent les parois du four, puis reviennent à l'entrée, et avant de s'échapper la fumée donne toute sa chaleur.

— Très bien, mon ami, tu n'aurais pas trouvé cette explication il y a quinze jours et tu m'aurais fait des questions pour t'éviter la peine de chercher. Je vais achever la description du four en t'indiquant celles de ses parties que tu peux ne pas connaître. Le four proprement dit, qui contient le foyer, est ovale ou rond ; il est couvert par une voûte aplatie dont pour ce motif la construction est difficile et exige des ouvriers très adroits. On emploie pour former cette voûte et pour le sol du four

Fig. 79. — Intérieur du fournil.

des briques d'une espèce particulière résistant au feu et qu'on appelle *briques réfractaires*, tu les reconnaîtras à leur couleur blanchâtre, à leur grain dur et serré. Il y a, tu le penses bien, un avantage considérable à ce que la chaleur se conserve le plus longtemps possible dans le four (fig. 78). A cet effet on l'entoure de murs épais ; on ménage au-dessous un vide qu'on appelle étuve inférieure, on réserve un autre vide du même genre au-dessus de l'extrados, « la partie extérieure » de la voûte, pour la séparer du toit, enfin on ferme l'orifice d'entrée, la bouche, au moyen d'une solide porte en fer.

La bouche du four s'ouvre dans une pièce appelée fournil; nous allons ensemble installer cette pièce et la garnir des meubles convenables; je prends mon crayon.

D'abord une grande fenêtre, n'est-ce pas? parce que la fumée se rabat quelquefois à l'intérieur et qu'il faut alors s'en débarrasser le plus complètement possible.

— Ensuite, dit Roger, la maie, comme disent nos paysans, ou la huche dans laquelle on pétrit la farine, une table pour placer les corbeilles pleines de pâte au moment d'enfourner et un grand casier pour déposer les pains quand on les retire du four.

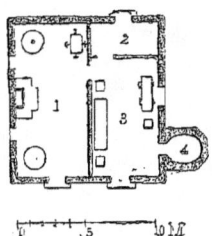

Fig. 80. — Plan du four et de la buanderie.

1. Buanderie.
2. Combustible.
3. Fournil.
4. Four.

— Où faut-il mettre ce casier?

— L'accrocher au plafond, monsieur, pour que les rats ne puissent l'atteindre; il faut aussi une suspension pour tenir la lampe et..... c'est tout.

— Si nous pendions au-dessus de la huche une boîte à sel?

— Ah! oui, monsieur, près du four, pour que le sel reste sec.

— Et enfin, pour finir, indiquons ton amie Suzon portant au four une énorme galette. Voilà ton fournil et ton four bien installés grâce à tes conseils (fig. 79).

Roger regarda le dessin que lui montrait M. Aubair avec la

satisfaction qu'éprouve tout auteur en contemplant son œuvre.

— Achevons le bâtiment du four, continua M. Aubair, en plaçant à côté du fournil un petit bûcher, et à côté de la buanderie une salle de bains (fig. 80).

— Où madame Morlot lavera-t-elle sa lessive? dans l'abreuvoir? Et M. Aubair regarda Roger du coin de l'œil.

— Oh! non, monsieur, pas dans l'abreuvoir.

Fig. 81. — Le lavoir.

— Pourquoi donc? réfléchis un peu.

— Parce que le savon resterait à la surface de l'eau, lui donnerait un aspect malpropre, une odeur désagréable, et que jamais les animaux, les chevaux et les ânes surtout, ne voudraient s'y désaltérer.

— Voilà une réponse qui me fait plaisir. Nous construirons donc pour madame Morlot et ses laveuses un petit abri (fig. 81) au bord du ruisseau des Fontenottes. La distance de ce ruisseau à la ferme n'est pas assez grande pour que le transport du linge offre des difficultés.

M. Aubair semblait avoir fini; mais au lieu d'aller faire une promenade comme Roger l'espérait, il restait dans l'atelier, allait à la fenêtre, regardait au dehors.

— Est-ce que vous attendez quelqu'un? fit Roger.

— Et oui, j'attends madame Morlot que j'ai prié de venir s'entendre avec moi au sujet de sa laiterie. Enfin la voilà, elle a voulu faire des frais de toilette.

Au même instant M$^{me}$ Morlot accompagnée de sa fille Suzon fit son entrée dans l'atelier en esquissant une profonde révérence pour toute la compagnie.

M. Aubair qui n'aimait pas les longs préambules lui demanda sans tarder si elle avait besoin d'une laiterie dans sa ferme.

— Je crois bien, monsieur, que j'ai besoin d'une laiterie. Sans cela, où mettre le lait, où battre le beurre, où conserver la crème, le fromage? Et même il la faut grande, cette laiterie; il faut qu'on y trouve un endroit sec, un autre frais, même pendant les plus grandes chaleurs; il faut qu'elle soit près de notre maison, loin des étables parce que les odeurs fortes font souvent « aigrir » le lait; il faut... et M$^{me}$ Morlot, sans prendre le temps de respirer, allait, allait à la grande joie de Roger qui ne retenait pas son accès de rire, et à la grande mortification de Suzon qui faisait des efforts désespérés pour calmer l'éloquence de sa mère. Elle finit cependant par s'arrêter et M. Aubair en profita pour prendre la parole à son tour; mais la brave femme était si essoufflée par sa course et son discours qu'elle ne put plus répondre que par monosyllabes.

— Vous disiez donc, madame Morlot, qu'il fallait que votre laiterie renfermât une salle très fraîche?

— Oui, monsieur.

— Nous creuserons le sol de cette salle pour qu'elle se trouve en contre-bas de la cour et nous relèverons les terres autour des murs jusqu'à une certaine hauteur; ces terres formeront ainsi des talus qu'on pourra gazonner et qui protègeront l'intérieur contre les rayons du soleil (fig. 82).

Fig. 82. — La laiterie.

— J'ai vu quelque chose de semblable à la ferme de Coligny, dit M$^{me}$ Morlot.

Quant aux autres salles nécessaires (fig. 83), l'une servira de lavoir,

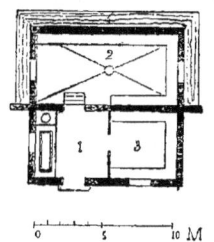

Fig. 83. — Plan de la laiterie.

1. Laverie.
2. Laiterie.
3. Fromagerie.
4. Talus.

n'est-ce pas, elle sera pourvue d'un fourneau pour faire chauffer l'eau et, si vous voulez, vous pourrez pendant l'hiver vous servir de ce fourneau pour empêcher qu'il fasse trop froid dans la salle à sécher. Il reste à installer, à garnir ces salles : comment nous y prendrons-nous ?

— Il faudrait que le sol fût en pierre avec une rigole au milieu pour faciliter l'écoulement des eaux, parce qu'on est toujours à laver dans une laiterie ; puis tout autour, pour déposer les pots et jarres de lait, des crédences en belles pierres de taille (fig. 84).

— Pourquoi pas en marbre, pendant que vous y êtes, madame Morlot, fit Roger ?

— Ne trouble pas madame Morlot, mauvais garçon, elle sait bien

Fig. 84. — Intérieur de la laiterie.

que le marbre s'userait très vite, que les jarres de lait y creuseraient des raies profondes dans lesquelles séjournerait le lait aigre, que le nettoyage des tables en marbre serait ainsi très difficile. Nous mettrons donc les crédences tout simplement en pierre dure et nous recouvrirons les murs de plaques de faïence.

— Les plaques de faïence sont certes très bonnes, mais elles laissent entre elles des raies, des joints très difficiles à nettoyer, et j'ai vu à la ferme de Coligny, comme je vous disais tout à l'heure, les murs de la laiterie couverts d'une peinture très dure et très unie.

— Du stuc, probablement ; rien ne nous empêche de remplacer la faïence par du stuc, si vous le préférez. Pourquoi ne me demandes-tu pas ce que c'est que le stuc ? demanda M. Aubair à Roger ; est-ce que tu le sais?

Roger fit un signe négatif.

— Le stuc est tout simplement un mélange de plâtre et d'alun, — l'alun donne au plâtre une très grande dureté et permet à sa surface de rester très unie.

— Qu'est-ce que nous mettrons dans la salle à fabriquer le beurre et à sécher les fromages?

— Des planches par terre et sur les murs, puis tout autour des rayons à jour, à claire-voie, pour que l'air circule facilement partout et qu'on n'ait jamais trace d'humidité.

— Mère, fit Suzon à son tour, tu oublies de dire qu'il faut que la laiterie soit plafonnée et couverte d'un grenier ; sans cela, tu sais, il ferait trop chaud et le lait ne pourrait se conserver.

— J'allais le dire. Ces jeunesses interrompent toujours les personnes d'âge. Allons, est-ce que j'oublie encore quelque chose?

Suzon ne dit mot, et M. Aubair prit congé de la brave femme ; puis quand ils furent seuls il se retourna vers Roger.

— Veux-tu que je te dise pourquoi tu ne m'as pas demandé ce que c'était que le stuc ?

Roger devint rouge jusqu'aux oreilles.

— Parce qu'aux yeux de Suzon et de madame Morlot, tu voulais paraître le savoir.

Le pauvre Roger balbutia ; mais M. Aubair se mit à rire de si bon cœur que Roger ne put lui garder rancune de cette petite leçon.

# CHAPITRE XX

### DES INCONVÉNIENTS D'UNE CHARPENTE MAL ÉTABLIE.

Un beau matin, M. de Charly et M. Aubair étaient assis sur la terrasse du château ; ils parlaient de la ferme future, des moyens d'exécution, des approvisionnements de matériaux, du recrutement des ouvriers, tous sujets qui les intéressaient également. Ils jugeaient tous deux inutile d'avoir recours à un entrepreneur de la ville : cet entrepreneur, naturellement, réclamerait, pour son concours, un bénéfice dans l'opération. M. de Charly voulait, au contraire, faire les fournitures lui-même ; il pouvait trouver le moellon dans une carrière qui lui appartenait ; il avait les bois ; et le briquetier, son locataire, lui devait des loyers arriérés, très compromis : cette circonstance lui permettrait de se faire payer en briques et en tuiles.

M. Aubair acceptait très bien cette combinaison. L'aspect des maisons du village de Pougues et des environs lui avait montré qu'il était facile de trouver, dans le pays, de bons ouvriers des divers corps d'état du bâtiment ; mais ce qui l'inquiétait, c'était le choix du chef d'atelier nécessaire pour surveiller les travaux et le remplacer en son absence. Il ne pouvait prolonger indéfiniment son séjour ; ses affaires allaient bientôt le rappeler à Paris, et il fallait qu'il fût suppléé par quelqu'un qui connût la construction et fût au courant de la tenue d'un chantier.

Les deux amis en étaient là, quand leur conversation fut soudain interrompue par la brusque arrivée d'un garçon de ferme qui venait de chez M. Morlot.

— Oh ! notre monsieur ! quel malheur ! quel malheur !

M. de Charly eut une terrible émotion : il pensa à son fils ! heureusement Roger arrivait de son côté.

— Eh bien, qu'y a-t-il? Est-il arrivé quelqu'accident à Morlot ?

— Non monsieur, c'est la grange !

— La grange ?

— Elle s'est écroulée !

— Y a-t-il eu quelqu'un de blessé ?

— Non, monsieur.

— Comment s'est-elle écroulée ? Est-elle tombée sur l'étable? A-t-on pu faire sortir les animaux?

— Oui, monsieur; non, monsieur, c'est-à-dire oui; la grange s'est écroulée, mais pas sur l'étable, et on a eu tout de même bien peur pour les bêtes; pourtant on n'a pas eu besoin de les faire sortir parce qu'elles étaient aux champs.

M. de Charly ne put, malgré sa préoccupation, s'empêcher de sourire du discours incohérent du pauvre domestique ; il donna l'ordre d'atteler et, bientôt après, il entrait dans la cour de la ferme accompagné de M. Aubair et de Roger, bien entendu.

Tous les gens de la ferme étaient en émoi et groupés autour de la grange, chacun faisant ses observations et donnant des conseils.

La grange était encore debout, mais tout un pan de mur s'était ouvert, avait perdu son aplomb, et ses débris jonchaient le sol. La charpente, soutenue en l'air par la sablière qui avait formé chaînage, ne s'était pas écrasée; mais une grande partie des tuiles glissant sur la pente du toit se trouvait par terre (fig. 85).

Aucun accident de personne n'étant arrivé et la grange étant destinée à une destruction prochaine, le désastre n'avait rien de bien terrible, cependant il fallait aviser aux précautions à prendre afin d'éviter qu'il ne s'aggravât.

— Que faut-il faire? demanda M. de Charly.

— Si vous me permettez, monsieur, je crois qu'il faut pointer une chandelle (1) sous la sablière (2) et placer des chevalements (3) sous le plancher; on verrait ensuite à étayer le mur avec une contrefiche (4) appuyée sur une semelle (5)

M. de Charly et M. Aubair se retournèrent brusquement, tout étonnés, ce dernier surtout, d'entendre employer, avec autant de facilité, des expressions techniques.

Ils virent un garçon d'environ vingt-cinq ans, grand, fort, à la figure ouverte et intelligente, portant avec aisance l'uniforme de petite tenue des soldats du génie.

— Est-ce que vous êtes charpentier? fit M. Aubair.

— Je suis du métier sans en être. Je viens de quitter le service, après avoir fait, comme sergent, un congé à la deuxième compagnie du 4ᵉ régiment du génie.

— Mais, je te reconnais maintenant, mon garçon, fit à son tour M. de Charly. Tu es le fils du bon père Jean, Jacques ou Jacquot, comme on t'appelait; t'en souviens-tu, Roger?

---

(1) En terme de charpenterie, pointer veut dire dresser, pointer une chandelle veut dire dresser un point d'appui vertical.

(2) Sablière, pièce de bois qui règne le long des murs, et reçoit les extrémités des chevrons.

(3) Chevalement s'entend de deux grands tréteaux supportant une pièce horizontale.

(4) Contrefiche désigne une pièce de bois dressée, fichée, contre une paroi verticale, un mur, par exemple.

(5) La semelle est le morceau de bois sur lequel repose la contrefiche pour l'empêcher de s'enfoncer dans le sol.

Roger avait déjà renoué connaissance avec Jacques et lui serrait la main.

— Depuis quand es-tu de retour?

— Depuis hier matin.

— Le père et la mère Jean doivent être contents !

Fig. 85. — Grange en ruines.

— Oh! oui, monsieur. Et moi aussi !

— Occupes-toi de ceci, fais ce que tu viens de proposer. Voici M. Aubair, architecte, qui s'y entend et qui pense que tu as raison. Ne perds pas de temps.

Jacques trouva, dans la cour, une pièce de bois convenable et, avec l'aide des garçons de ferme, il la dressa pour soutenir la sablière, empêchant ainsi tout nouvel accident de se produire (fig. 85). Comme il finissait de caler ses bois, il s'entendit appeler par M. Aubair.

— Voulez-vous venir avec moi? Je vais faire une visite autour du bâtiment et dans les combles pour reconnaître la cause de l'accident et voir si quelques précautions nouvelles sont nécessaires. Faites-moi, je vous prie, dresser cette échelle contre le mur. Pas là ; ici, devant l'ancre de la chaîne.

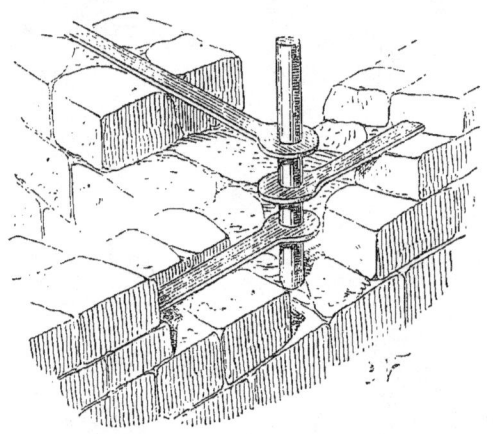

Fig. 86. — Chaînes des murs.

— L'ancre? la chaîne? soupira Roger ; j'ai beau réfléchir, je ne vois pas ce que c'est.

— Les chaînes, répondit M. Aubair pendant qu'on dressait l'échelle à l'endroit indiqué, sont des barres de fer plates qu'on loge dans l'intérieur des murs et des planchers, pour relier ensemble les faces opposées d'un bâtiment (fig. 86); on les ajoute l'une à l'autre au moyen d'agrafes (fig. 87) qui servent en même temps à leur donner une certaine raideur. Aux angles des bâtiments ou aux points de rencontre de deux murs, on donne à la chaîne un excédant de largeur qu'on perce d'un trou appelé œil. On passe par ce trou une autre barre de fer que, suivant l'importance des constructions, on orne avec

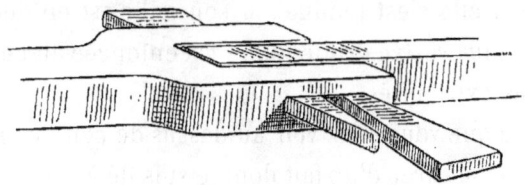

Fig. 87. — Agrafes des chaînes.

plus ou moins de recherche, et qu'on appelle ancre (fig. 88). Comprends-tu le rôle de la chaîne et de l'ancre?

— Pas trop.

— Si la construction ne bouge pas, si elle conserve bien son aplomb,

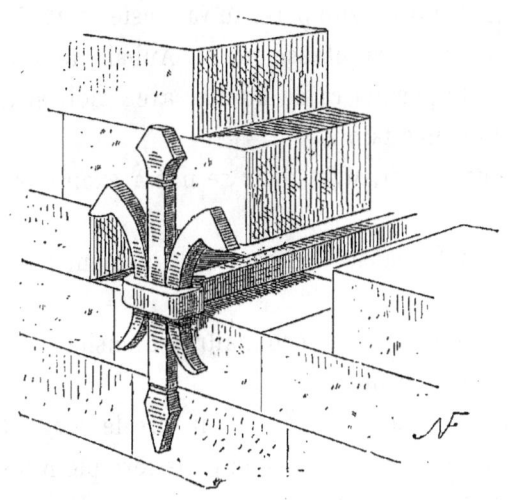

Fig. 88. — Ancre des chaînes.

les chaînes et les ancres restent en place, sans subir aucune déformation. Mais si deux murs de face, par exemple, tendent à s'écarter l'un de l'autre, la chaîne se tend et les retient ; si l'effort augmente, la chaîne s'enfonce dans le mur et le traverserait sans le secours de l'ancre. C'est à son œil qu'on reconnaît très facilement qu'une chaîne a travaillé, c'est-à-dire si elle s'est tendue ; si son œil s'est enfoncé dans le mur, l'ancre n'est plus restée droite, elle s'est enfoncée au centre et éloignée du mur à ses extrémités.

— C'est ce que vous allez voir au-dessus de cette échelle ?

— Je vais m'assurer d'un fait dont je suis déjà à peu près certain.

Un moment après, M. Aubair descendait de l'échelle après avoir constaté, disait-il, la déformation des ancres. Les murs avaient donc poussé au vide, s'étaient écartés extérieurement ; mais, pour reconnaître les causes de ce désordre, il fallait monter dans les combles.

— Je vais y monter avec vous, s'écria Roger.

— Pas du tout, lui dit son père, tu vas rester à côté près de moi.

Roger prit une mine si piteuse que M. Aubair intervint :

— Ton père te permettra de monter avec moi, si tu nous promets de ne pas quitter mes talons.

Une fois sous le toit, M. Aubair se mit à examiner soigneusement la charpente.

— Voyez-vous la cause de l'accident ? demanda-t-il à Jacques qui l'avait accompagné.

— Elle est bien facile à reconnaître, monsieur, c'est le pied des fermes qui a poussé les murs.

— Et toi, Roger, vois-tu ce que veut dire le sergent ?

— Mais, je ne vois rien, j'ai de la poussière plein les yeux !

— Essuie-les et écoute ; puisque tu es venu avec nous, il faut que ton ascension te serve à quelque chose. Il n'y a plus aucune crainte d'accident ; nous pouvons nous asseoir sur cette pièce de charpente, et de là nous examinerons très bien ce qui nous intéresse.

As-tu jamais réfléchi au moyen qu'on emploie pour soutenir la couverture d'un bâtiment?

— On place des bois inclinés comme cela, — et Roger fit un angle avec les index de ses deux mains, — on cloue des planches sur ces bois, et on pose des tuiles sur les planches.

— C'est pour avoir fait quelque chose d'analogue à ce que tu dis, que la grange s'est écroulée.

— La charpente du toit d'un bâtiment se compose de pièces de bois combinées de façon à former un ensemble rigide et stable, c'est-à-

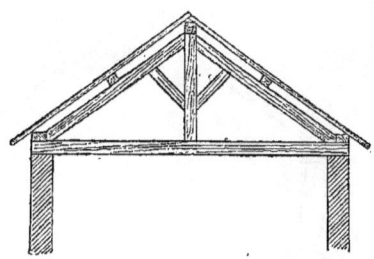

Fig. 89. — Ferme bien disposée.

dire qui soit solide lui-même, et qui, en outre, ne nuise pas à la solidité des murs sur lesquels il repose.

La combinaison de ces bois s'appelle ferme. Regarde ce croquis. Une ferme, dans sa plus simple expression, se compose de deux arbalétriers, les deux pièces inclinées; d'un tirant, la pièce horizontale sur laquelle s'assemble le pied des arbalétriers; d'un poinçon, la pièce verticale sur laquelle s'assemble la tête des arbalétriers, et de liens qui soulagent et diminuent la portée des arbalétriers (fig. 89).

La charpente d'un comble se complète d'un faîtage qui, comme son nom l'indique, occupe le faîte du toit, de sablières qu'on pose le long des murs, de pannes placées entre le faîtage et la sablière. Ces derniers bois reposent sur les fermes et recouvrent, à leur tour, les chevrons sur lesquels on cloue les voliges (planches légères), les lattes, de l'ardoise, du zinc ou de la tuile.

Regarde, maintenant, les fermes qui sont sous tes yeux, et dis-moi en quoi elles diffèrent du type que je viens de te tracer.

— Mais, il n'y a pas de différence.

— Tu n'en vois aucune ?

— Aucune : arbalétriers, tirant, poinçon, tout y est.

— Tu es un étourdi. Jamais tu ne prends la peine de réfléchir.

— Mais, monsieur Roger, dit Jacques, voyez donc comme le tirant

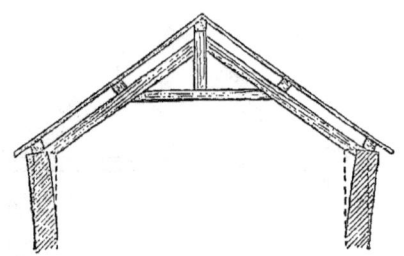

Fig. 90. — Ferme vicieuse.

de cette ferme est remonté haut ; il ne retient plus le pied des arbalétriers (fig. 90).

— C'est vrai ! et alors les arbalétriers qui supportent tout le poids de la tuile se sont écartés, ont poussé les murs, les chaînes ont cédé et, patatras, le mur est tombé à terre !

— Quoique étourdi, tu raisonnes juste ; mais comment t'apprendre à te donner un peu de mal pour réfléchir avant de répondre ?

A présent, faisons comme le mur, descendons à terre, mais pas par le même chemin.

Avant de partir, M. Aubair s'entretint de nouveau avec Jacques ; le questionna sur ce qu'il avait fait au service ; lui demanda s'il savait un peu dessiner, calculer ; s'il avait surveillé des ouvriers et s'il était capable de reconnaître la qualité des matériaux employés dans la construction.

Pendant tout ce temps, les ouvriers avaient placé les étais jugés nécessaires, et la présence de Jacques était devenue inutile.

— Monte en voiture avec nous, mon garçon, lui dit M. de Charly, nous passons par le chemin de Chaulgnes et nous t'arrêterons devant

Fig. 91. — La maison du père Jean.

la porte de tes parents. — Vous ferez, dit-il à M. Aubair, la connaissance des deux plus braves gens que je connaisse.

La maison du père Jean, devant laquelle ils arrivèrent bientôt, était une habitation pittoresque (fig. 91) couverte par un grand toit aux pentes inégales, avec un escalier extérieur abrité par un auvent. D'un côté, la demeure des maîtres ; à côté, la grange et l'étable occupée par une vache et un âne (fig. 92). Le bon état du petit bâtiment, de l'enclos qui l'entourait, laissait deviner un bien-être modeste acheté par une vie de travail et de probité.

M. Aubair qui, depuis quelque temps, cachait une arrière-pensée, voulut entrer pour voir les dessins que Jacques devait lui montrer.

L'intérieur de l'habitation répondait à l'extérieur. Tout, dans la pièce principale (fig. 93) que les paysans du Nivernais appellent la maison, brillait par une propreté peu commune.

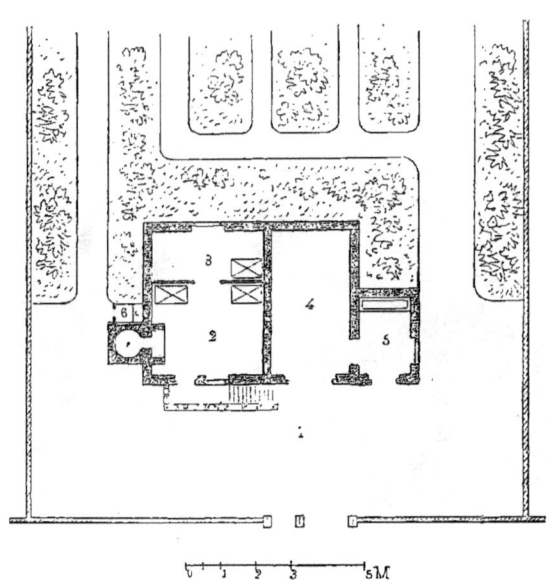

Fig. 92. — Plan de la maison du père Jean.

1. Cour.
2. Salle.
3. Chambre.
4. Grange.
5. Cuvier.
6. Privés.

Deux grands lits, garnis de courtes-pointes en cotonnade et surmontés de baldaquins festonnés, occupaient le fond de la pièce. On voyait, au milieu, une table de noyer polie par l'usage et sur laquelle bien des générations avaient laissé la trace de leurs coudes. Aux solives noircies du plafond, pendaient de gros morceaux de lard, un panier à fromages, des chapelets d'oignons dorés et quelques autres

Fig. 93. — L'intérieur de la maison du père Jean.

provisions de ménage. Une armoire, en noyer aussi, aux ferrures apparentes; une grande huche et quelques chaises de bois complétaient l'ameublement de la maison.

Jacques, très heureux de montrer ce qu'il avait fait à un homme capable de l'apprécier, apporta sur la table, des dessins, des relevés et des croquis un peu informes, mais qui indiquaient chez leur auteur une certaine aptitude naturelle. Il avait suivi, au régiment, les cours faits par les officiers et avait ainsi acquis les éléments de bien des connaissances spéciales. Jacques montra à M. Aubair des carnets d'appareil, des feuilles de journées, etc.....

M. Aubair examina tout cela avec plus d'intérêt que ne semblait le comporter la chose, et lorsqu'il quitta Jacques, il l'engagea à venir le lendemain le voir, au château.

Une fois en voiture, M. Aubair frappa sur l'épaule de M. de Charly :

— Je crois que j'ai trouvé mon chef d'atelier.

— Qui ça ? Jacques ? Vous avez là, une bonne idée.

— J'ai très bonne opinion de ce garçon : il est jeune, actif, intelligent, il doit être honnête; vous le connaissez depuis son enfance. Il est, de plus, habitué à la discipline; quant à ce qui lui manque au point de vue technique, je me charge de le lui apprendre.

# CHAPITRE XXI

## UN CHEF D'ATELIER.

Jacques était entré en fonctions ; il avait, suivant les indications de M. Aubair, commencé à faire niveler l'emplacement de la ferme de façon à assurer l'écoulement des eaux. Au terrain nécessaire pour la construction, avait été annexé un emplacement considérable destiné à servir de chantier pour la taille des pierres et l'approvisionnement des matériaux. La partie réservée au jardin avait été entourée d'une palissade qui devait empêcher les ouvriers de dégrader les plantations que commençait M. Morlot.

M. Aubair, après être allé passer quelques jours à Paris où ses affaires avaient réclamé sa présence, était de retour depuis la veille et avait rapporté un grand rouleau de papier qui excitait vivement la curiosité de Roger.

La fin de septembre approchait, les soirées étaient déjà fraîches et on avait allumé du feu au salon ; mais M. et M$^{me}$ de Charly s'y trouvaient seuls. Après avoir fait appeler Jacques, M. Blutel s'était, aussitôt après dîner, retiré dans l'atelier et Roger l'avait suivi.

En entrant, Roger avait aperçu Jacques occupé à fixer sur un des murs un grand dessin (fig. 94), arrivé de Paris le matin et qui

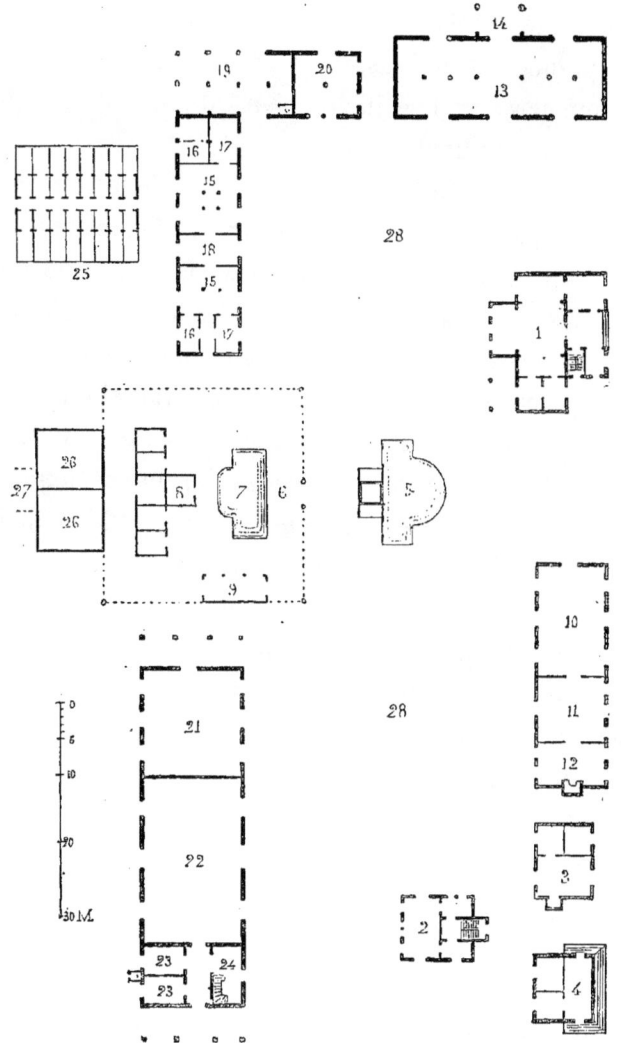

Fig. 94. — Plan général de la ferme neuve.

1. Habitation du fermier.
2. — des domestiques.
3. Four et Buanderie.
4. Laiterie.
5. Réservoir.
6. Basse-cour.
7. Mare.
8. Poulailler.
9. Abri.
10. Pressoir.
11. Tonnellerie.
12. Distillerie.
13. Grange.
14. Machines à battre.
15. Écuries des chevaux.
16. Boxes.
17. Sellerie.
18. Garçons d'écurie.
19. Remise.
20. Ateliers-magasins.
21. Bergerie.
22. Étable à vaches.
23. Boxes.
24. Taille-légumes.
25. Porcherie.
26. Trou à fumier.
27. Fosse à purin.
28. Privés.

n'était autre que le plan général de tous les bâtiments de la ferme.

On comprend l'enthousiasme et l'étonnement que cette vue excita chez le jeune garçon ; il se jucha bien vite sur un des tabourets de l'atelier, faisant tout haut ses réflexions.

— Voilà la maison de M. Morlot à l'entrée de la cour, et en face les bâtiments d'exploitation ; voilà la grange et l'emplacement des « cachous » à droite ; les écuries et remises ; la porcherie en arrière ; la basse-cour, les trous à fumier, les étables en face, le logement des domestiques, la laiterie, le four, le pressoir à gauche ; tout y est, chaque chose à place ; moi qui croyais que ce serait si difficile de grouper tous ces bâtiments. Je vais envoyer chercher Justin et M. Morlot pour qu'ils viennent de suite voir la ferme ; seront-ils étonnés !

— Tu ne vas rien envoyer chercher du tout, dit M. Aubair en l'arrêtant par le bras. J'ai à causer avec Jacques et ne veux pas être dérangé ; reste si tu veux, mais écoute, et ne nous interromps pas ou plutôt réfléchis avant de m'interrompre.

Mon garçon, fit l'architecte en s'adressant à Jacques, je pensais ne commencer les travaux de la ferme qu'au printemps ; mais d'une part, mon projet est prêt, de l'autre l'arrière-saison est si belle que nous aurions tort de ne pas en profiter. Il faut donc, dès à présent, nous mettre à l'œuvre et commencer par tracer les bâtiments de la ferme sur les terrains ; puis creuser les fondations, les remplir de béton et, lorsque les mauvais temps seront venus, vous recouvrirez les murs avec de la paille pour les protéger contre les gelées et les pluies. Au printemps nous trouverons une grosse partie de la besogne faite ; ce sera une avance considérable.

Vous savez que nous n'aurons pas d'entrepreneur général ; nous ne prendrons à la ville que les entrepreneurs de travaux spéciaux : plombier, menuisier, serrurier, peintre ; mais la terrasse, la maçonnerie, la charpente, seront faites par des ouvriers à la journée.

M. de Charly trouve à cette combinaison un grand avantage : il utilise, pour les charrois, ses attelages et ceux de M. Morlot qui, pendant l'hiver, sont peu occupés; il emploie les matériaux qu'il peut trouver dans ses propriétés, et réalise ainsi une notable économie que vos soins et une exacte surveillance augmenteront encore.

Mon séjour ici ne sera plus de longue durée, vous n'avez donc pas de temps à perdre pour commencer vos préparatifs, prendre vos dispositions préliminaires et me demander les renseignements dont vous pouvez avoir besoin.

Vous savez bien reconnaître les qualités des matériaux, pierres, briques, chaux, sable, bois, etc,.... n'est-ce pas?

— C'est moi qui, au fort de Domont, recevais les matériaux avant leur emploi.

— Très bien. Il faudra être moins sévère que dans les travaux du génie, où le fini de l'exécution a une si grande importance; mais cependant vous refuserez impitoyablement de laisser employer les matériaux de qualité inférieure pouvant nuire à la bonne exécution des travaux. Une condition non moins essentielle que le choix des matériaux, est l'ordre qu'il faudra mettre dans leur classement et dans la comptabilité du chantier. L'ordre, dans un grand chantier comme sera le vôtre, est absolument indispensable; vous vous ferez construire un petit bureau d'où vous pourrez voir toutes les parties du chantier ; vous placerez auprès les hangards destinés à abriter la chaux, le plâtre et le ciment : ces hangards se fermeront à clef pour éviter toutes fraudes.

— Mais nous n'aurons besoin de plâtre que pour les intérieurs?

— Aussi je ne vous l'indique ici que pour mémoire et pour que vous réserviez sa place et celle du gâchoir; nous ne construirons pas nos murs en plâtre, comme à Paris, mais bien en mortier de chaux hydraulique pour les fondations, et en mortier de chaux grasse en élévation.

Roger n'y put tenir plus longtemps.

— On ne construit donc pas en province comme à Paris? Qu'est-ce que la chaux hydraulique? et la chaux grasse, et le gâchoir du plâtre?

— Ne va pas si vite, si tu veux que je te réponde d'une façon satisfaisante ; aussi bien Jacques pourra peut-être faire son profit des explications que tu demandes.

Presque partout, les mêmes matériaux sont employés de la même façon ; mais on n'emploie pas partout les mêmes matériaux : ainsi, en ce qui concerne la maçonnerie, on possède, à Paris, un plâtre excellent ; on s'en sert pour hourder les murs, c'est-à-dire pour remplir les interstices laissés entre les moellons. Ce plâtre, qu'on a longtemps extrait des carrières sur lesquelles est bâti Montmartre, résiste assez bien à l'air extérieur et aux intempéries des saisons; cette qualité le fait employer pour simuler, sur les façades des maisons, des saillies, des corniches, des moulures, etc. C'est là une erreur, car c'est un mensonge; et en architecture, pas plus qu'ailleurs, un mensonge n'est honorable ; ici nous n'avons pas l'excellent plâtre de Paris, mais nous avons de la chaux de bonne qualité, nous ferons le hourdi de nos murs avec des mortiers fabriqués au moyen de cette chaux ; ils n'auront pas l'aspect uni et blanc des murs en plâtre ; ils paraîtront plus rugueux, plus rustiques, mais vaudront mieux et défendront plus efficacement l'intérieur contre les atteintes de l'humidité.

Quant à la chaux avec laquelle on fait les mortiers, on la trouve dans la nature sous forme de pierre ; toute pierre calcaire peut faire de la chaux, de plus ou moins bonne qualité ; il suffit pour cela de la faire cuire.

— Qu'est-ce que c'est qu'une pierre calcaire?

— Te donner une définition précise nous entraînerait trop loin et exigerait l'emploi de termes géologiques que tu ne comprendrais pas ;

sache seulement que les pierres blanches et roses que tu vois dans ce pays-ci, que le marbre lui-même sont des pierres calcaires.

— Et on la fait cuire ?

— Sans aucune difficulté, et de deux manières différentes : à feu discontinu, c'est-à-dire en plaçant dans un foyer une certaine quantité de pierres et en éteignant le foyer une fois la cuisson terminée ; ou à feu continu, en plaçant les pierres dans un four qu'on ne laisse pas s'éteindre et qu'on remplit alternativement de pierres et de combustible. On retire la pierre par la partie inférieure du four, pendant que par la partie supérieure on introduit à la fois pierre et combustible.

— Et une fois ces pierres cuites on peut s'en servir pour faire de la maçonnerie ?

— Non, il faut encore leur faire subir d'autres préparations : on les laisse d'abord refroidir ; on les concasse, ensuite on les mélange à une certaine quantité d'eau, de façon à en faire une pâte très consistante ; on laisse sécher cette pâte et on la convertit en poudre. Cette poudre est mise dans des sacs ou des barils, et on peut ainsi conserver la chaux assez longtemps pourvu qu'elle soit à l'abri de l'humidité.

— Mais vous disiez qu'il y avait deux espèces de chaux, la chaux grasse et la chaux hydraulique ?

— C'est vrai, mais malgré leurs propriétés différentes elles se fabriquent toutes deux de la même façon. Sans employer des termes trop techniques je te dirai seulement, afin de t'apprendre à les distinguer, que la chaux grasse ne prend corps, « ne durcit » que lentement, tandis que la chaux hydraulique, ou maigre, prend corps plus rapidement, même sous l'eau.

— On ne devrait alors employer que de la chaux hydraulique.

— La chaux grasse revient à meilleur marché, parce que quand on l'éteint, c'est-à-dire quand on la mélange à l'eau, elle foisonne davantage, augmente de volume plus que l'autre. Avec la même quantité de chaux on peut donc obtenir plus de mortier, suivant que cette chaux est grasse ou maigre.

— Mais comment voit-on qu'un mortier a pris corps?

— D'une manière bien simple, en appuyant le doigt dessus. Si le doigt éprouve de la résistance, c'est que le mortier est pris; si le doigt enfonce, c'est qu'il ne l'est pas.

Maintenant, à nous deux Jacques, je te disais...

— Et le plâtre? monsieur, et le gâchoir? et le ciment?....

— J'oubliais, eh bien, le ciment est une chaux dont la propriété essentielle est de durcir très rapidement, même sous l'eau. Jacques te montrera, quand on fera la maçonnerie, la différence de prise et de mode d'emploi de la chaux grasse, de la chaux hydraulique, du plâtre et du ciment.

Quant au plâtre, il se trouve dans la nature à l'état de pierre appelée communément gypse; on soumet cette pierre à une haute température non pour la faire cuire, comme la pierre à chaux, mais pour la faire seulement dessécher; on la réduit ensuite en poudre sans l'avoir éteinte, c'est-à-dire sans l'avoir mouillée; puis on la met en sacs et on peut la conserver assez longtemps si on a soin de la mettre à l'abri de l'humidité. Au moment de son emploi, on mélange le plâtre avec de l'eau dans des auges disposées à cet effet.

— Mais comment peut-on expliquer l'adhérence des pierres entre elles au moyen du mortier?

— Les mortiers exercent, sur la surface des pierres, une action chimique qui les fait adhérer les unes aux autres; ainsi la dureté acquise par certaines maçonneries est si grande qu'on retrouve encore des constructions romaines qu'il faut briser et qu'on ne peut démolir que pierre à pierre. C'est l'effet que produit la gomme avec laquelle on colle les enveloppes de lettres.

— Vous savez tout cela, vous, Jacques ?

— Oh ! oui, monsieur.

— Je passe donc à un autre sujet. Il est très important, vous disais-je, que dès le principe vous sépariez, dans votre chantier, les matériaux d'après leur nature et leur importance. Ce classement facilitera votre tâche, empêchera les fraudes des fournisseurs et les malfaçons des ouvriers. Vous verrez plus facilement où en sont les approvisionnements, s'il faut les activer, les renouveler, ou les ralentir. Vous mettrez donc bien à part le sable, la brique, la pierre de taille, les moellons smillés ou piqués.

— Voilà encore des mots que je ne comprends pas, s'écria Roger avec un accent de désespoir.

— Console-toi, va, je te pardonne bien volontiers ton ignorance. Sais-tu d'abord ce qu'on appelle des moellons ?

— Non, monsieur.

— Ce sont, en général, toutes les pierres de petite dimension avec lesquelles on construit les murs ; quand ces pierres sont entièrement recouvertes, sur le côté extérieur, d'une couche de mortier, on dit que la maçonnerie est faite en moellons enduits ; si la face extérieure des moellons reste apparente et est dégrossie, on dit que le moellon est smillé ; s'il est taillé avec soin, on dit qu'il est piqué.

— Ce n'était pas difficile.

— Une chose ne paraît jamais difficile quand on la sait, mais la connaissance la plus élémentaire semble toujours une difficulté quand il faut l'acquérir.

— A demain, Jacques, fit M. Aubair. Roger nous a fait perdre bien du temps ce soir et pourtant je ne le regrette pas ; demain nous nous rattraperons ; il faut faire sur le terrain le tracé des bâtiments, commencer à creuser les fondations, et à cet effet tenir tout prêts les étrésillons nécessaires pour étayer les fouilles et empêcher l'éboulement des terres: monter la sonnette, qu'on appelle mouton ici, je crois, et enfin préparer les pieux.

M. Aubair vit de nouvelles questions poindre sur les lèvres de Roger ; il se hâta de l'envoyer se coucher en lui disant qu'il verrait le lendemain sur place ce dont il s'agissait.

## CHAPITRE XXII

LE TRACÉ DES BATIMENTS. — LES FONDATIONS.

M. Aubair, le dos courbé, regardait à travers un petit cylindre en cuivre monté sur un appui à trois pieds. Jacques, placé en avant, tenait à la main un bâton long et mince que, suivant les signes de M. Aubair, il portait doucement à droite et à gauche. Roger et Justin, les mains derrière le dos, examinaient, écoutaient et ne comprenaient rien à ce qui se passait devant eux.

— Sais-tu ce que nous faisons? demanda M. Aubair à Roger.
— Non, monsieur.
— Nous traçons le plan de la ferme, sur le terrain.
— Comment?
— Tu te rappelles l'opération que je t'ai fait faire l'autre jour : tu as mesuré, sur place, les dimensions du salon et tu les as rapportées, en les diminuant, sur une feuille de papier?
— Oui, monsieur.
— Aujourd'hui, nous faisons exactement le contraire; nous prenons, sur les dessins, les dimensions réduites des divers bâtiments de la ferme, et nous les reportons sur le terrain, avec leurs dimensions réelles.

Regarde à travers les alidades, ce sont les petites fentes qui traversent cette équerre d'arpenteur : tu vois Jacques, ou plutôt le jalon que tient Jacques ; de l'équerre au jalon, la ligne est donc droite, et sur cette ligne, nous allons mesurer 15 mètres qui représentent la longueur de la façade de la maison de M. Morlot. Maintenant, si tu regardes par cette autre alidade qui se coupe avec la première de façon à former un angle droit : tu sais ce que c'est qu'un angle droit ?

— Oh ! oui.

— Tu vois Jacques qui, après avoir planté son premier jalon en terre, en a pris un autre et l'enfonce à son tour ; ce second jalon et l'équerre forment une autre ligne droite coupant la première à angle droit ; et, si nous mesurons sur cette ligne 10$^m$,50, nous avons la largeur réelle de la maison. En continuant ainsi pour les autres bâtiments, nous aurons dessiné exactement les contours de notre ferme. Mais remarque que le tracé que nous faisons en ce moment est celui de l'axe des murs ; pour avoir le tracé des murs eux-mêmes, il faudra ajouter à cette ligne d'axe, l'épaisseur des murs, soit 0$^m$,25 de chaque côté. Les murs seront alors indiqués au moyen des broches que les ouvriers s'occupent à placer là-bas (fig. 95).

— Des broches ?

— Les broches sont ces deux petits montants en bois supportant une planchette sur laquelle s'enroulent les ficelles servant au tracé.

Roger ne quitta plus le chantier ; il y passa tout son temps, comme précédemment il l'avait passé à la ferme, à l'atelier ou aux vendanges. Cette vie en plein air était bonne à sa santé, puis M. de Charly trouvait, avec raison, que la conversation de M. Aubair devait être, pour l'enfant, au moins aussi utile et profitable que quelques leçons de grec et de latin. Enfin, les vacances touchaient à leur terme, et il ne fallait pas tourmenter le pauvre garçon pendant ces derniers jours. On lui laissait donc pleine liberté.

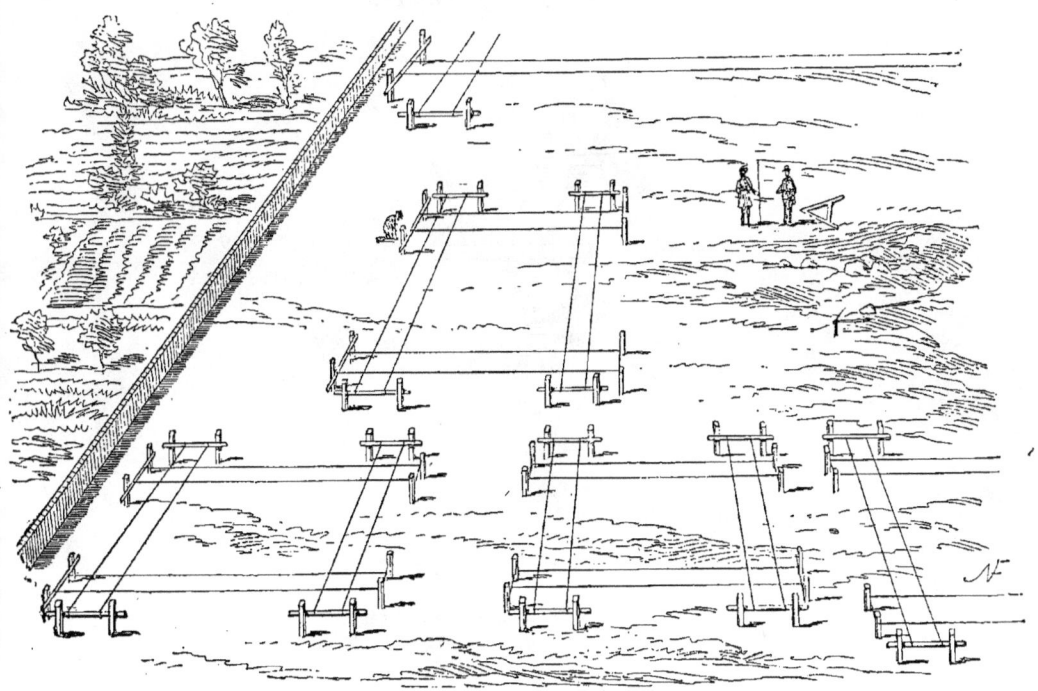
Fig. 95. — Tracé des fondations.

Son père, cependant, lui demanda un beau soir ce qu'on faisait sur le chantier.

Roger ouvrit la bouche, répéta deux ou trois fois le même mot, et ne dit pas grand'chose.

— Voyons, fit M. Aubair, ne cherche pas à faire des phrases; tu as très bien compris ce que je t'ai expliqué, et tu as suivi d'assez près

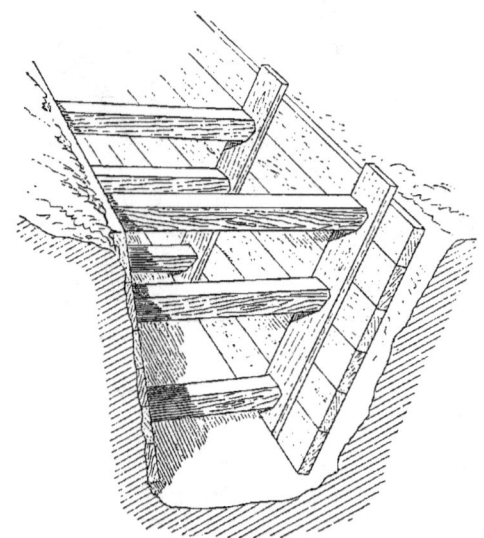

Fig. 96. — Étrésillonnement des fouilles.

ce que nous avons fait pour te le rappeler. Raconte-le simplement; si tu te trompes, je te reprendrai; de cette façon tu graveras dans ton esprit des choses utiles et tu apprendras à parler avec suite.

Roger parut faire un violent effort, devint tout rouge, parla trop haut, trop vite, s'arrêta court. Mais, peu à peu, sa voix prit un accent convenable et, comme il savait bien ce qu'il disait, il parvint à s'expliquer d'une façon intelligible.

— Quand le contour des murs a été tracé, dit-il, les terrassiers ont commencé à creuser les fouilles ; on a rencontré trois sortes de terrains : le plus proche du chemin était très ferme et les terres conservaient leurs parements droits; les fouilles n'ont donc offert aucune difficulté ; à l'autre extrémité se trouvaient des terres fouillées l'an dernier pour chercher de la pierre, le sol s'éboulait à chaque coup de pioche; il a

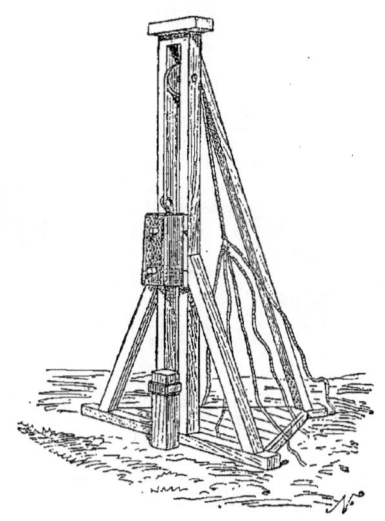

Fig. 97. — Sonnette.

fallu « étrésillonner » les revers du fossé (fig. 96), c'est-à-dire placer d'un bord à l'autre de fortes barres ou traverses en bois fixées sur des planches épaisses, « des madriers ». Les ouvriers ont pu, de cette façon, continuer leur travail sans accidents. Enfin, en se rapprochant du petit bois, on a dû enfoncer des pieux pour consolider le sol, parce que la terre était détrempée par l'eau qui séjournait au-dessous. Ces pieux étaient en sapin ; ils étaient frettés, c'est-à-dire terminés à leur extrémité par une pointe de fer, et entourés d'un collier à leur sommet. On les a enfoncés au moyen d'une « sonnette » ou d'un « mouton » (fig. 97). Huit hommes soulevaient la sonnette à l'aide de cordes et la laissaient retomber brusquement jusqu'à ce que le pieu refusât de s'enfoncer davantage ; c'était signe qu'il avait rencontré le bon sol. Mais les pieux n'ont pas pu tous s'enfoncer également, alors

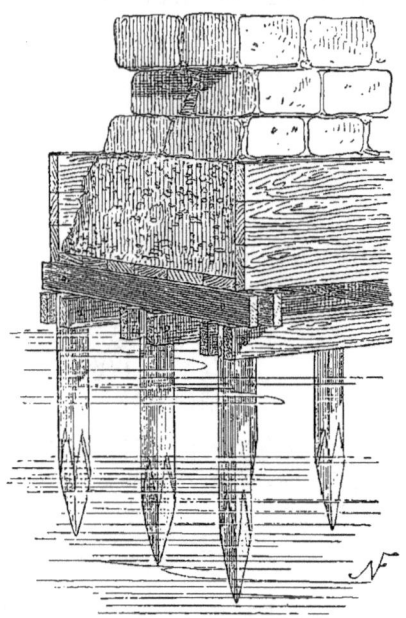

Fig. 98. — Maçonnerie sur pilotis.

on les a « recépés », on en a scié les têtes, et on les a réunis au moyen de madriers formant un plancher à jour assez solide pour recevoir la maçonnerie (fig. 98).

— Ajoute, reprit M. Aubair, qu'on établit les fondations de cette manière, toutes les fois qu'on bâtit sur un sol mou et instable, la glaise, par exemple. Les pieux ne pourrissent pas, parce que les bois se conservent dans l'eau. Ce qui les détériore très rapidement, ce sont les alternatives d'humidité et de sécheresse. Ne t'ai-je pas, à ce sujet, cité de curieux exemples ?

— Ah oui ! On a trouvé, il y a quelques années, en creusant les fondations du tribunal de commerce, à Paris, des pieux de chêne ayant servi aux fondations d'une église du douzième siècle. Certaines villes d'Europe, comme Venise, Amsterdam, sont bâties sur pilotis ; dans cette dernière ville, les fondations du bâtiment de la Bourse ont exigé l'emploi de 34,000 pieux.

— Certes, dit M. de Charly, je ne sais lequel je dois le plus admirer, du maître ou de l'élève, car il faut que tu aies reçu de bien bonnes leçons pour en profiter aussi complètement, je ne pensais pas que tu pourrais aussi bien t'expliquer.

— Quand les fondations ont été creusées, continua Roger, il a fallu les remplir ; mais vous pensez bien qu'on ne creusait pas à la fois les fondations sur tout le périmètre des bâtiments. Ce travail aurait exigé un temps très long. M. Aubair ne pouvait pas attendre ; il a voulu seulement qu'on creusât une partie des fondations dans chacun des sols différents, afin d'être à même d'apprécier la façon dont Jacques se tirerait d'affaire, et pouvoir lui donner les instructions nécessaires suivant les différents cas qui pouvaient se présenter.

On a rempli les fondations, non pas avec de la maçonnerie de moellons, mais avec du « béton », sorte de maçonnerie faite de pierres cassées très menues et de mortier de chaux hydraulique.

Ah ! j'ai oublié de vous dire comment on avait fait le mortier.

— Non, non, ne t'interromps pas, tu reprendras ensuite.

— Jacques avait fait disposer un endroit au sol bien uni, recouvert de planches, et trois manœuvres y amenaient successivement deux brouettes pleines de cailloux et une de mortier. Les dimensions de ces brouettes étaient exactement les mêmes afin que les proportions du mélange ne fussent pas changées. Une fois que la quantité voulue de pierre cassée et de mortier fut mise en tas, des ouvriers armés de longues « griffes » ont soigneusement remué le tout, de façon à ce que toutes les petites pierres fussent recouvertes d'une couche de mortier; alors le mélange, devenu béton, a été rechargé dans les brouettes et versé dans les fouilles.

— « Coulé », fit M. Aubair.

— On a étendu ce béton par couches de.....

— 0,20 à 0,35 d'épaisseur, souffla encore M. Aubair.

— Et on a tassé chaque couche au moyen d'un fort pilon dont les coups faisaient venir à la surface un lait de chaux que Jacques ordonnait d'enlever quand il était trop abondant. Il provenait d'une quantité d'eau employée avec excès soit pour la confection du mortier, soit pour le lavage des pierres. Dans les fouilles dont les rebords n'étaient pas restés intacts, il a fallu couler le béton entre deux encaissements formés de planches enlevées dès que le béton avait pris une consistance suffisante.

— Reviens maintenant à la fabrication du mortier.

— La chaux était arrivée en sacs; on l'avait soigneusement mise à l'abri et Jacques avait fait préparer une aire comme pour le battage des grains. Cette aire était en planches et entourée d'une bordure pour que le mortier ne se répandît pas sur le sol et que ni le sable, ni la terre ne vinssent se mélanger à la chaux.

Le sable avait été tamisé afin d'en extraire les gros cailloux et les matières étrangères, et Jacques s'était assuré qu'il ne contenait pas de terre; pour cela, il en avait pris dans la main et, en le rejetant, il avait vu que les grains ne restaient pas adhérents à ses doigts.

On avait ensuite versé sur l'aire une certaine quantité de chaux et trois fois autant de sable, puis arrosé le tout de deux ou trois seaux d'eau et deux hommes munis de rabots s'étaient mis à opérer le mélange de la chaux et du sable en les remuant à qui mieux mieux (fig. 99).

Fig. 99. — Fabrication du mortier et du béton.

Au fur et à mesure de sa fabrication, le mortier avait été chargé dans des brouettes et transporté sur l'aire où on préparait le béton.

Jacques surveillait bien les ouvriers qui remuaient le mortier et n'était pas commode; il les empêchait d'y ajouter de l'eau : mettez de l'huile de bras, disait-il, ce qui ne paraissait pas beaucoup satisfaire ses hommes; et, quand le mortier une fois fini était mis en tas, il prenait une pelle, la plaçait au milieu, la faisant aller et venir : si alors il voyait de l'eau arriver trop abondamment, le tas était étendu sur l'aire, et remué de nouveau.

Maintenant on va continuer le travail des fondations, les terrassiers les creuseront, les maçons, que Jacques appelle des limousins, les rempliront de béton, et, au printemps, on commencera à élever les murs avec de la maçonnerie de moellons, de la pierre de taille et des briques.

— C'est là que ce sera intéressant! fit M. Aubair.

— Oui, soupira Roger; mais je ne m'intéresserai à rien, moi; je serai à Louis-le-Grand, moi ! Et les larmes lui montaient aux yeux.

Sa désolation comique, le peu d'intérêt qu'il comptait prendre aux choses du lycée firent sourire M. Aubair. Pourtant le pauvre Roger avait raison de penser à son départ; le lendemain, on en parla sérieusement ; il dut tristement commencer ses préparatifs : l'heure de la rentrée avait sonné. Sa dernière visite au chantier, à l'atelier, ne fut pas gaie ; il serra la main de Jacques, de Justin, de M. Morlot. Son père et sa mère l'accompagnèrent au chemin de fer ; il les embrassa, le cœur bien gros, sans s'apercevoir que leur tristesse, à eux, était plus grande encore que la sienne. M. Aubair, qui retournait à Paris, l'emmena et, le soir même, le reconduisit à Louis-le-Grand, vieille prison classique.

## CHAPITRE XXIII

UN JOUR DE SORTIE DE ROGER.

M. Aubair, pour des raisons qu'il serait sans intérêt de rappeler ici, était resté célibataire. Grand travailleur, esprit distingué, artiste de talent, homme instruit, c'était un excellent guide et un excellent compagnon pour un jeune homme, de l'âge de Roger. M. de Charly l'avait bien compris et lui avait demandé de servir de correspondant à son fils lorsque ses travaux et ses voyages le lui permettraient. M. Aubair avait accepté par amitié pour le père et pour le fils dans lequel il reconnaissait de sérieuses et sûres qualités qu'il se faisait un vrai plaisir d'aider à développer.

Roger, de son côté, prit grand plaisir aux visites qu'il faisait chez M. Aubair : ce grand atelier, les objets d'art qui le remplissaient, les instruments de toutes sortes, les modèles, les réductions de modèles de travaux de charpente, de maçonnerie, qu'il voyait pour la première fois, excitèrent au plus haut point son intérêt et sa curiosité. C'était là, pour lui, des jouets dont le sens pratique lui échappait malheureusement, malgré les questions dont il accablait M. Aubair; aussi un jour où il les multipliait plus que d'habitude, ce dernier, qui l'avait déjà promené un peu partout, lui proposa de le mener voir un de ses chantiers.

Roger accepta avec empressement. Son imagination lui montrait, par avance, tous les appareils, tous les outils aperçus chez M. Aubair, mis en mouvement comme les rouages d'une machine bien organisée. Il les voyait brillants, propres, en acajou, en cuivre et en fer poli. Il devait, à cet égard, éprouver quelque désillusion.

C'était une triste journée de décembre ; l'hiver était doux, et les travaux de maçonnerie qui, à Paris, ne s'arrêtent que durant de courts intervalles, pendant la neige ou la gelée, n'avaient pas encore été suspendus.

— Tu vas voir, dit M. Aubair à Roger, une maison en construction ; elle se compose de deux bâtiments, l'un presque achevé, l'autre sortant à peine des fondations.

— Comme à la ferme alors ?

— Quelque chose d'analogue ; mais tu distingueras bien toi-même la différence entre les travaux de la ferme et ceux de Paris ; et puisque tu me parles de la ferme, ne t'attends pas à trouver ici le chantier que tu as laissé là-bas : les hommes, les engins, c'est-à-dire les outils, les appareils, les matériaux, sont différents. Ne laisse donc pas ton attention aller à droite et à gauche, sans direction ; tu verrais trop de choses nouvelles dont tu ne comprendrais pas le sens ; ton esprit s'égarerait et ne pourrait ensuite faire un choix judicieux. Laisse-moi te guider, ta visite sera ainsi, tout à la fois, plus intéressante et plus fructueuse. Notre esprit est comme notre estomac ; il ne faut rien lui faire prendre avec excès ; et tu sais que le résultat immédiat d'une indigestion est de nous inspirer le plus vif dégoût pour le mets qui nous a rendu malade ; il en est de même de l'esprit ; si on le fatigue, si on l'obsède, avec un sujet de travail ou d'étude, ce sujet lui devient odieux pour un temps assez long.

Tout en devisant ainsi, ils étaient arrivés au chantier.

— Voilà le monte-charge et le binard, s'écria joyeusement Roger, qui, déjà initié à quelques expressions techniques, s'empressait de saisir l'occasion de les employer.

Le monte-charge, en effet, dressait au droit de la façade ses deux grands bras rouges couverts de taches de plâtre ; deux ouvriers faisaient péniblement manœuvrer la chaîne qui grinçait en roulant sur les poulies. Une auge pleine d'eau et de plâtre montait lentement d'un côté, pendant que de l'autre descendaient des auges vides et des outils à nettoyer. Ce n'était plus là le joli joujou de l'atelier de M. Aubair ; c'était la réalité, la vérité sans illusion.

Roger s'étonna bien un peu, sans doute ; mais le mouvement, l'animation qu'il voyait autour de lui absorbèrent bientôt toute son attention.

La manœuvre du monte-charge était si simple qu'il l'eut bien vite comprise, en le voyant en mouvement il résumait lui-même ainsi la disposition de l'appareil (fig. 100) :

— Deux montants verticaux de hauteur variable, une chaîne sans fin, c'est-à-dire dont les deux extrémités sont attachées l'une à l'autre, un vrai collier ; cette chaîne est mue par un treuil et une roue à dents ; au milieu, sont fixés deux plateaux en bois séparés par les montants, et glissant dans des rainures, en sorte que, lorsqu'un des plateaux monte, l'autre descend.

— Les ouvriers, lui fit observer M. Aubair, doivent surtout s'efforcer de ne jamais faire manœuvrer le monte-charge sans que les deux plateaux soient occupés ; autrement ils se donneraient double peine et feraient moitié moins de travail.

— Mais on ne peut donc pas monter de lourdes charges avec cette machine-là ? dit Roger, qui voyait toujours le monte-charge monter et descendre du plâtre, des briques et des moellons.

HISTOIRE D'UNE FERME.            223

— Non, lui répondit l'architecte, pour les lourdes charges telles que les fers et les pierres de taille, on emploie un appareil que tu vois installé sur la façade et dont je ne t'expliquerai pas la manœuvre en détail ; regarde-le seulement pour te rappeler qu'il se compose de

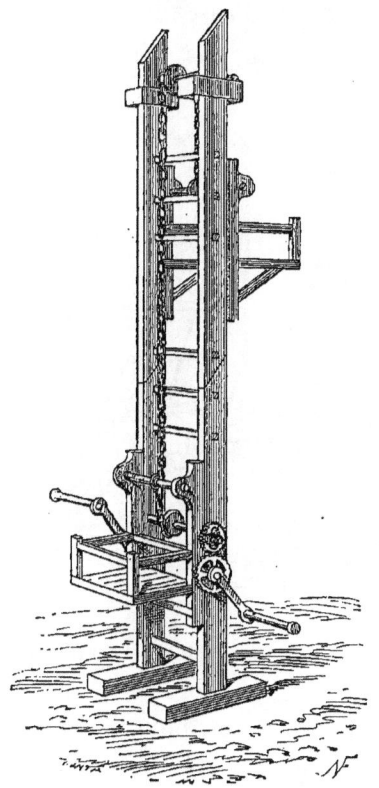

Fig. 100. — Le monte-charge.

quatre longues pièces de sapin (d'où le nom de *sapine* qui lui est donné), reliées par des traverses supportant, à leur sommet, une énorme poulie. Sur cette poulie s'enroule une chaîne qui pend jusqu'à terre et à laquelle on accroche les fardeaux à monter.

— Mais ce doit être très coûteux et très difficile à installer une sapine ; il en faudra au moins une douzaine à Jacques, pour la ferme.

— Jacques ne s'en servira pas, parce que, comme tu le dis, l'emploi en serait trop coûteux ; il lui en faudrait un trop grand nombre ; et, en outre, il n'aura pas d'assez lourdes masses à monter pour être obligé d'avoir recours à de tels appareils. Le monte-charge que je

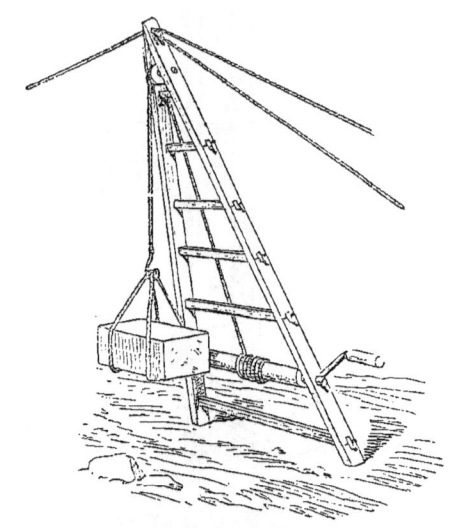

Fig. 101. — La chèvre.

vais lui envoyer lui suffira ; et, pour les cas exceptionnels, il se servira d'une chèvre. Tiens, en voici justement une qu'on met en mouvement dans la cour (fig. 101).

Tu vois, continua M. Aubair en montrant à Roger une chèvre installée au sommet d'un mur et qui, lentement, faisait monter une lourde pierre, la chèvre est une sapine mobile composée de deux montants assemblés à leur extrémité.

— Pourquoi ne se sert-on pas toujours de la chèvre au lieu de la sapine? elle n'exige pas de frais d'installation et on peut la porter partout où l'on veut.

— C'est vrai ; mais en revanche, elle exige, pour se tenir debout, des haubans, ces câbles qui la maintiennent en équilibre et qui sont attachés en avant et en arrière. Or, dans les rues de Paris, on ne peut interrompre la circulation pour laisser monter une pierre ou une pièce de bois; aussi l'usage en est-il interdit sur la voie publique. En outre, tu vois toi-même les avantages que présente la sapine solide,

Fig. 102. — Le binard.

immobile, et combien elle est supérieure à la chèvre dont les pieds glissent parfois, et causent alors de graves accidents.

Mais ne perdons pas notre temps ; la nuit vient vite en cette saison, et je veux te montrer encore plusieurs choses. Ote-toi de là pour laisser passer ce binard (fig. 102).

Le binard s'arrêta quelques pas plus loin, et M. Aubair et Roger s'approchèrent.

— Tu vois qu'un binard est un chariot très solidement construit qu'on emploie à transporter les pierres à pied d'œuvre, à l'endroit où on va les employer. Il se compose de deux brancards posés directement sur les roues et d'un châssis sur lequel on place les pierres.

— Pourquoi ne met-on pas les pierres directement sur le char, et les place-t-on sur un châssis ?

— C'est précisément le châssis qui forme la disposition particulière spéciale au binard.

Regarde d'abord comment les ouvriers vont s'y prendre pour décharger le binard. Tu vois, ils détachent une chaîne qui fixait le châssis sur le char ; ils soulèvent les brancards ; le châssis, n'étant plus retenu, glisse et les roulettes dont il est muni le font aller très loin avec la masse de pierres qu'il porte.

Les avantages du binard sont encore plus sensibles quand il s'agit de charger le fardeau : on n'a pas besoin d'approcher ni de soulever le bloc de pierre, on approche, au contraire, le châssis et, avec des pinces ou barres de fer faisant levier, on fait glisser la pierre sur le châssis ; on attache ce dernier au moyen de la chaîne que je te montrais tout à l'heure. L'autre extrémité de cette chaîne s'enroule autour de cet arbre, de cette barre de fer ronde, si tu aimes mieux, que met en mouvement un engrenage formé de deux roues dentées. On n'a qu'à faire tourner les roues au moyen de la manivelle que tu vois ici, on fait ainsi venir le châssis chargé, et on le fait monter sur le chariot sans fatigue et sans efforts pénibles.

Allons de l'autre côté de la rue, dans le chantier où se préparent les pierres ; nous verrons s'exécuter l'opération que je viens de t'expliquer ; tu t'assureras toi-même que tu as bien compris.

Roger avait très bien compris, et l'opération à laquelle se livrèrent les ouvriers devant lui n'en eut que plus d'intérêt.

En rentrant dans la maison en construction, ils virent des ouvriers debout devant des étaux ou établis et mélangeant une matière brune que Roger reconnut tout de suite (fig. 103).

Fig. 103. — Les gâcheurs de ciment.

— Mais on dirait qu'ils gâchent du ciment? (Il savait maintenant employer les termes techniques.)

— Tu as vu, dans les fondations de la ferme, lui répondit M. Aubair, le ciment employé avec la chaux hydraulique pour augmenter sa dureté et hâter sa prise; ici, il s'agit de l'employer mélangé seulement avec du sable pour en faire une matière excessivement dure et à prise très rapide, nécessaire à l'exécution de certains travaux dans les sous-sols.

Remarque le soin avec lequel se prépare le mortier de ce genre. L'ouvrier, afin d'assurer la régularité de son travail, gâche le mortier dans une caisse dont le devant est ouvert; il a, près de lui, une sébile de bois et la remplit, alternativement, une fois de ciment et deux fois de sable, puis il arrose le tout d'une sébile d'eau versée à plusieurs reprises; il ne mélange à la fois qu'une partie du sable et du ciment afin de s'assurer que sa truelle a bien passé sur le tout.

— Mais comme ils se dépêchent, dit Roger.

— Je crois bien, ils n'ont pas de temps à perdre. Les voilà qui ramassent le mortier fabriqué et le mettent dans le seau.

— Où courent-ils donc comme ça?

— Ils courent porter le mortier aux ouvriers qui doivent l'employer en toute hâte, car, dans un quart d'heure, ce mortier sera pris, et s'il n'était utilisé dans ce délai, il ne serait plus bon qu'à jeter.

Roger suivait des yeux l'*ouvrier* au ciment, quand son attention fut attirée par d'autres *ouvriers* qui montaient un échafaudage contre un pan de mur (fig. 104).

— Comment s'appellent ces grandes pièces de bois placées debout? demanda-t-il.

— Des échasses; elles sont scellées ou fixées sur le sol par un massif en plâtre.

— Et les pièces horizontales?

— Des boulins, ils sont, d'un côté, rattachés aux échasses par des cordes, et pénètrent de l'autre dans le mur ; les boulins supportent les couches ou madriers, planches épaisses qui forment le sol de l'échafaudage.

— Est-ce que ces échafaudages sont bien solides?

— Ils sont très solides quand ils sont bien faits ; mais rarement on apporte à leur établissement tout le soin nécessaire : tantôt les cordes sont pourries, tantôt les boulins ne pénètrent pas assez profondé-

Fig. 101. — Les échafaudages.

ment dans le mur. De là des accidents sans nombre, et qui sont dus, presque toujours, à l'insouciance de l'ouvrier, au manque de précautions que le soin de sa propre sûreté devrait lui faire prendre. Tiens, en voilà un qui a marché sur une planche en porte à faux, en bascule, il a failli tomber de plusieurs mètres de haut et se casser un membre ; eh bien ! au lieu de remettre la planche à sa place, je gage qu'il continuera son chemin, sans penser qu'un camarade peut venir derrière lui et ne pas éviter ce mauvais pas ! Qu'est-ce que je te disais?

L'ouvrier, en effet, avait repris son aplomb et passait de l'autre côté du mur.

Mais M. Aubair était subitement entré dans une violente colère ; il appela le maître compagnon « le chef du chantier » et ordonna l'expulsion immédiate de l'ouvrier négligent.

— L'architecte a donc plein pouvoir dans son chantier, demanda Roger.

— Il est maître absolu, et c'est bien le moins, car la responsabilité qu'il encourt est considérable. Je ne parle pas seulement de sa responsabilité pécuniaire, mais de sa responsabilité morale. Songe qu'en certains cas, à la suite d'accidents dans lesquels des ouvriers avaient succombé, des architectes ont été traduits devant les tribunaux pour homicide par imprudence ; ce qui, tu en conviendras, n'a rien de bien agréable.

Mais, hâtons-nous, je voudrais te montrer les ouvriers au travail et t'expliquer l'usage des divers outils dont ils se servent.

Roger fit énergiquement claquer ses doigts les uns contre les autres, ce qui, chez les élèves du lycée Louis-le-Grand, est un signe non équivoque d'une véritable satisfaction.

## CHAPITRE XXIV

ROGER APPREND LE NOM, LA FORME ET L'USAGE
DES OUTILS EMPLOYÉS PAR LES TERRASSIERS, MAÇONS ET
TAILLEURS DE PIERRE.

M. Aubair conduisit Roger dans une autre partie du chantier.

— Il faut que tu saches d'abord, lui dit-il, qu'à Paris, on appelle *Limousins*, les maçons qui font le gros œuvre de la maçonnerie.

— Parce qu'ils viennent du *Limousin* ?

— Ils n'en viennent pas tous, tant s'en faut ; ils sont le plus souvent originaires du département de la Creuse, ancienne province de la Marche, mais c'est par suite d'une vieille tradition qu'on les appelle *Limousins*, et il serait oiseux, pour nous, de chercher à savoir pourquoi.

Quant aux maçons, ce sont les ouvriers qui emploient le plâtre, ceux qu'à Nevers on appelle plâtriers, à Bordeaux gypsiers, etc.

Chaque limousin ou maçon prend le titre de compagnon, leur chef s'appelle maître compagnon, et tous, indistinctement, ont, comme aide, un ouvrier placé sous leurs ordres et qu'on appelle garçon.

Les tailleurs de pierre taillent la pierre.

Les terrassiers font la terrasse, remuent et transportent les terres.

Voyons maintenant les outils dont se servent ces divers ouvriers pour leurs travaux.

Je ne pensais pas trouver ici celui que tu vois là ; il n'est plus guère en usage à Paris ; mais tu l'as déjà vu employer aux travaux de la ferme. C'est l'oiseau (fig. 105. — A), dont le garçon se sert pour porter le mortier à son compagnon.

— Je le reconnais. Mais d'où lui vient ce nom d'*oiseau* ?

— Ma foi, je n'en sais rien. Seulement ce nom singulier s'applique à des objets d'un usage différent dans plusieurs contrées en France ; ainsi, en Bourgogne, on appelle *oiseau* la petite caisse dans laquelle la ménagère dépose les épluchures de ses légumes.

Bien des outils que nous allons voir sont, du reste, désignés par des noms bizarres, à peu près impossibles à justifier, et ne répondant pas du tout à leur usage.

Voici l'auge (fig. 105. — B) qui sert à gâcher le plâtre ; c'est tout simplement une caisse aux bords évasés.

Le *Têtu* (fig. 105. — C) est ce gros marteau en fer ; une de ses extrémités est carrée, l'autre pointue.

L'ouvrier se servait de l'outil au moment où M. Aubair parlait, et, le soulevant d'une seule main, brisait en deux un énorme moellon. Roger, à son tour, essaya de soulever le Têtu, mais c'est à peine s'il en vint à bout.

La *Laye* (fig. 105. — D) est un marteau d'un autre genre ; sa forme est ovale ; ses extrémités sont tranchantes et terminées par des dents de scie. On l'emploie pour dresser les parements, tailler la face des pierres. La laye laisse sur la pierre des rayures inégales et irrégulières dans lesquelles la lumière fait de petits ombres à peine perceptibles et qui empêchent les murs d'avoir l'aspect froid et monotone.

HISTOIRE D'UNE FERME.     233

La *Boucharde* (fig. 105. — F) est ce gros marteau dont les deux extrémités sont carrées et creusées en pointe de diamant ; on le

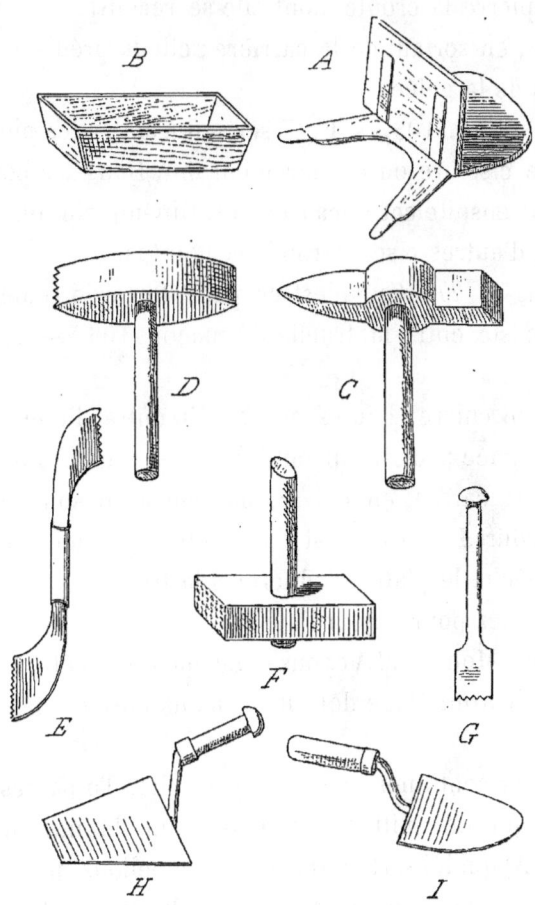

Fig. 105. — Les outils du maçon, du plâtrier, du tailleur de pierres.

prend à deux mains et on en frappe à coups redoublés les parements des pierres pour les rendre unis.

— Est-ce qu'on ne risque pas de casser la pierre en la frappant de cette façon ?

— Non, on ne casse pas la pierre, mais on la *meurtrit*. La boucharde enlève à la pierre la croûte dont elle se recouvre lorsqu'elle est exposée à l'air, en sortant de la carrière ; elle la prédispose ainsi à subir les atteintes de la gelée.

Les *Ciseaux* (fig. 105. — E, G) servent à tailler les pierres, à les entourer d'une ciselure ou encadrement uni. Dans les constructions de luxe, on polit ensuite cet encadrement. On emploie aussi, pour percer les pierres, d'autres ciseaux ronds et pointus.

Tu connais la *Truelle*, n'est-ce pas ? Regarde seulement la différence qui existe entre la truelle du maçon (105. — I, H) et celle du plâtrier.

L'une est en cuivre, l'autre en fer. En outre, l'une est ronde, tordue, mal soignée ; c'est un outil grossier qu'on ne ménage pas. L'autre, II, est carrée, en cuivre, montée avec soin ; elle ne heurte aucun corps dur. Le cuivre est d'un nettoyage facile, il se polit aisément et empêche le plâtre d'adhérer à la truelle.

En as-tu assez pour aujourd'hui ?

— Oh ! non, Monsieur ! Voyons donc encore ce côté. Et Roger entraînait M. Aubair à un étage dont les maçons faisaient les enduits et les plafonds.

— Si tu veux continuer, ne va pas si vite. Tu passes là à côté de deux outils qui ne quittent guère la main du maçon : la *Hachette* (fig. 106. — A) qui lui sert à frapper les moellons pour bien les faire porter d'aplomb sur le mur et à les fendre ou les équarir et rendre leurs côtés réguliers.

Le *Marteau* (fig. 106. — B) dont l'extrémité pointue perce les trous dans les murs en moellons quand on doit y sceller des boulins d'échafaudages, des gonds de persiennes, etc.

HISTOIRE D'UNE FERME.

Regarde, à présent, ces ouvriers qui font ce plafond, je vais t'expliquer leur travail.

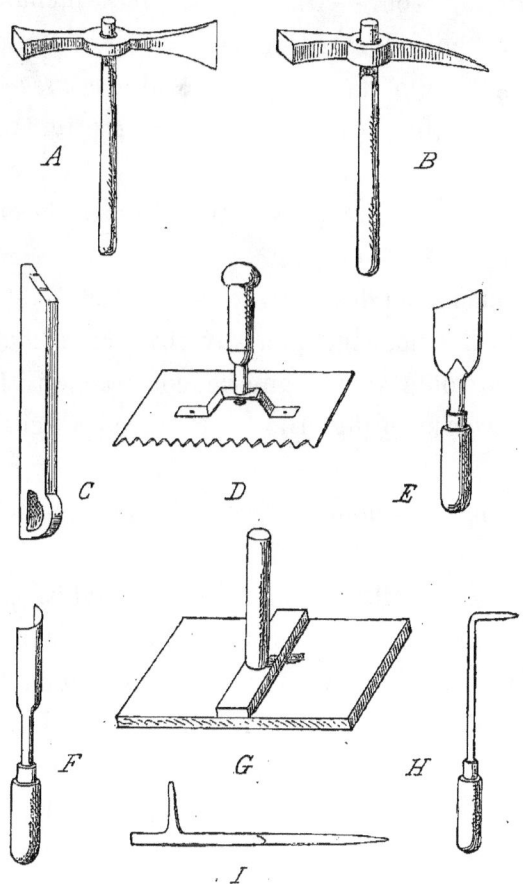

Fig. 106. — Les outils du maçon et du plâtrier.

Ils commencent, tu vois, par garnir une planchette, appelée *Taloche* (fig. 106. — G) d'une masse de plâtre ; ils appliquent ce plâtre contre le dessous du plancher, l'étendent rapidement, et continuent jusqu'à ce que la surface du plafond soit revêtue d'une couche assez épaisse. Dans la pièce à côté, l'enduit du plafond est terminé, et les maçons enlèvent les inégalités laissées à la surface en la râclant avec la *truelle brettée* (fig. 106. — D), plaque de fer tranchante d'un côté, à dents de l'autre ; puis, ils raccordent les angles, tantôt avec le guillaume (fig. 106. — C), rabot du maçon, tantôt avec le *ciseau* (fig. 106. — E), tantôt avec la *gouge* (fig. 107. — F) ou le *grattoir* (fig. 106. — A), qui est une truelle brettée triangulaire.

— Que font donc ces maçons? Ils enfoncent de gros clous dans ces enduits frais.

— Ces gros clous sont des *Chevillettes* (fig. 106. — I) ; ils vont servir à tendre des ficelles pour indiquer aux ouvriers la hauteur de l'appui des fenêtres, ou toute autre ligne de construction. Justement voilà un ouvrier qui, avec le fer (fig. 106. — H) trace les lignes que je t'indiquais.

— Mais que font-ils donc sur cette ficelle avec ce triangle qu'ils posent dessus?

— Ils s'assurent si elle est bien de niveau et si, par conséquent, les chevillettes sont bien placées à la même hauteur. Ce triangle est le niveau du maçon ; il est muni à son sommet d'un fil à plomb qui doit tomber précisément au milieu, si l'objet sur lequel on place le niveau est parfaitement horizontal. On se sert aussi dans le même but, du niveau à bulle d'air, en partie rempli d'un liquide coloré dans lequel a été laissée une bulle d'air qui doit, lorsque l'instrument est horizontal, occuper le centre du niveau.

Le fil à plomb avec lequel ce maçon s'assure que le parement de son mur a été monté d'aplomb se compose d'un long câble terminé par une boule de cuivre qui le fait toujours descendre verticalement.

Cette fois, la visite était bien finie ; M. Aubair et Roger descendirent les échelles et se retrouvèrent dans la cour. Des outils disposés en tas dans un angle attirèrent l'attention de Roger ; mais, en s'en approchant, il constata qu'il les connaissait.

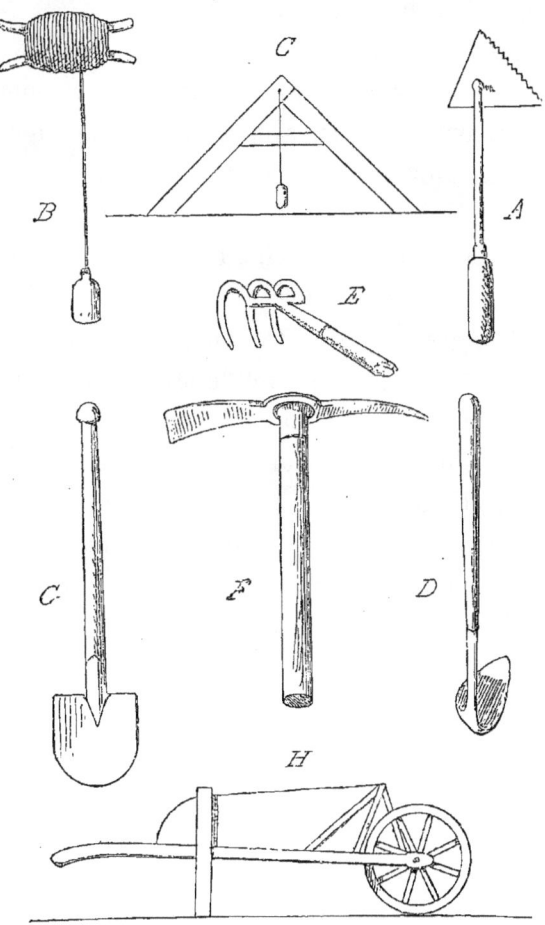

Fig. 107. — Les outils du terrassier et du manœuvre.

— Voilà le rabot pour faire le mortier (fig. 107. — D), dit-il, la griffe pour fabriquer le béton (fig. 107. — E), la pelle du terrassier (fig. 107. — G), la pique pour fouiller la terre (fig. 107. — F) ou la pierraille, et enfin la brouette (107. — H).

— Mais connais-tu le mérite de cette brouette?

— Est-ce qu'elle a un mérite particulier?

— Toutes les brouettes employées dans les travaux ont le mérite, lorsqu'elles sont convenablement fabriquées, de contenir 0,025 de mètre cube; tu comprends les avantages de cette mesure uniforme pour le dosage du mortier, le calcul des transports de terre et des matériaux.

La nuit était venue; il fallut partir. Le retour ne fut pas gai : il tombait une pluie fine et froide qui pénétrait jusqu'aux os; une de ces pluies qui font croire qu'il pleuvra toujours ainsi, sans trêve ni relâche. Roger, abrité sous le parapluie de M. Aubair, regagna son lycée après dîner, songeant à son père, à sa mère, à sa jolie chambre si bien ensoleillée d'où il voyait tant d'arbres, de prés et de champs.

L'affection de M. Aubair ne pouvait remplacer celle de ses parents, et son lit dans le grand dortoir du lycée ne pouvait lui faire oublier sa chambre d'enfant gâté. Aussi, comme il le disait lui-même, il se couchait à Paris, mais il dormait à Chaulgnes!

## CHAPITRE XXV

### BEAU PRINTEMPS TE VOILA REVENU.

On se plaît souvent à répéter aux enfants que leur temps de collège est le meilleur temps de leur vie, c'est là un mensonge qu'heureusement nos enfants ne croient pas, car alors l'existence ne se présenterait pas à eux sous un aspect bien séduisant. La vie de collège ne se pare de tant de charmes à nos yeux que parce que nous la voyons de loin, que nous ne devons jamais la retrouver et qu'un sentiment naturel ne nous fait plus voir que ses avantages et ses bons côtés. C'est ce même sentiment qui nous fait découvrir tant de qualités et de vertus aux amis et parents que nous avons perdus.

A la vérité, la vie de collège est comme tout le reste de la vie pleine d'ennuis, de dégoûts et de déceptions amères. Ces ennuis sont proportionnés à l'âge de celui qui les ressent, et nous ne voyons pas trop pourquoi, d'ailleurs, il serait plus agréable à un écolier d'obéir à un maître qu'au soldat d'obéir à un officier ou à un employé d'être sous les ordres d'un chef. Il est à remarquer, en outre, qu'un supérieur, un chef quelconque est toujours, aux yeux de son inférieur, quinteux, sévère, injuste et exigeant.

Roger n'en pensait certes pas si long ; mais il était d'avis que sa vie de lycée ne pouvait être regardée comme agréable, et il comptait impatiemment les jours qui le séparaient de chaque congé et surtout des vacances, de celles de Pâques d'abord, des grandes ensuite. Mais, comme tout passe en ce bas-monde, les mauvais comme les heureux jours, l'hiver comme l'été, il arriva que l'hiver de cette année-là finit comme ceux des années précédentes ; le mois de mars s'écoula à son tour et le beau mois d'avril se montra avec un rayon de soleil.

Pâques arrivait apportant à Roger un repos de quinze jours ; il fut extrait de *sa boîte* et, accompagné de M. Aubair, il partit pour la Nièvre.

Comment dépeindre la joie de Roger, celle de ses parents ! Le départ, nous a souvent répété une vieille amie, est une petite mort ; en revanche, il n'y a pas sur terre, de joie plus grande que celle de revenir dans un endroit aimé, de retrouver des êtres chéris !

Roger, en pareil cas, faisait une visite générale, il lui fallait tout revoir et tout retrouver à la fois ; il reprenait possession de son domaine et ne pensait pas qu'il lui faudrait bientôt de nouveau le quitter.

Cette année il y avait un nouvel attrait pour Roger, la ferme neuve, à laquelle il avait tant pensé, et à laquelle il courut tout d'abord. Il y trouva M. Aubair en train de visiter les travaux et d'expliquer à Jacques les règles à suivre pour exécuter la maçonnerie et convenablement appareiller, c'est-à-dire assembler l'une sur l'autre, ou à côté les unes des autres, les pierres de taille.

— Il y a deux modes généraux d'appareil en usage pour les constructions du genre de celle que nous élevons, disait l'architecte, l'appareil en besace et l'appareil par évidement. Dans le premier, qui est celui que nous emploierons parce qu'il est le plus sensé et le plus économique, les pierres sont alternativement placées dans le sens de leur largeur et dans celui de leur longueur. Vous avez fait tailler les blocs que je vois ici près, suivant les indications des détails que je vous ai envoyés ; faites-les approcher. Ils ne sont pas assez lourds pour qu'on ne puisse les porter à bras d'hommes. Posez celui-ci de

Fig. 108. — M. Aubair et Jacques.

façon à ce qu'il nous montre sa plus longue face. Bien. Placez dessus de petites cales en sapin, assez hautes pour donner aux joints un centimètre d'épaisseur ; puis faites reposer sur ces cales une seconde assise, une seconde pierre, qui nous montrera sa face étroite.

Continuez ensuite de la même façon. Voilà la besace. Et cet appareil, vous comprenez, est le même, qu'il s'agisse de monter l'angle d'un

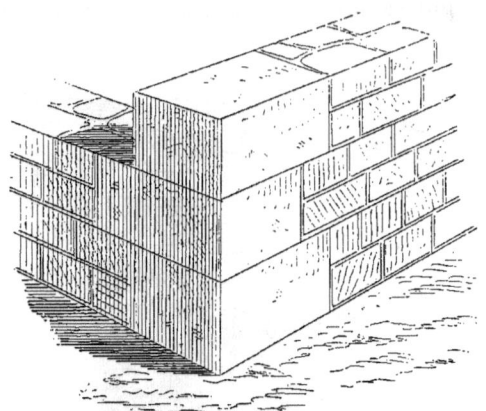

Fig. 109. — Appareil en besace angle d'un mur.

mur (fig. 109) ou d'établir une chaîne, c'est-à-dire une partie de pierre de taille ménagée dans un mur en moellons (fig. 110).

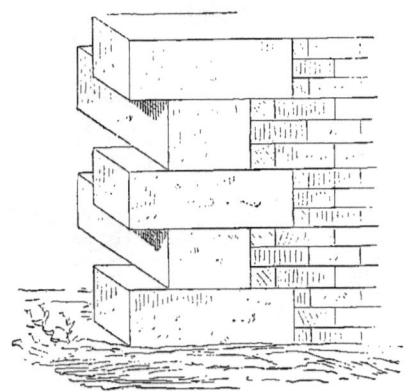

Fig. 110. — Appareil en besace chaîne d'un mur.

Quant à l'appareil par évidement.... J'aperçois là bas des pierres taillées avant que vous n'ayez reçu mes instructions ; elles vont servir à mes explications. Ce bloc, par exemple, est destiné à se trouver à l'intersection de deux murs (fig. 111); il devait donc pénétrer d'une certaine longueur dans chacun d'eux. A cet effet on lui a donné la forme d'une croix, toute la pierre qui existait entre les bras de la croix a dû être abattue, car elle serait restée sans emploi comme pierre de taille, donc double travail et par suite double dépense d'abord à cause

Fig. 111. — Appareil par évidement.

d'une taille compliquée et coûteuse, ensuite à cause d'une certaine quantité de pierre perdue.

Les travaux du génie militaire ne se font pas, et avec raison, d'une façon économique ; vous n'avez pas eu l'occasion de faire la distinction que je vous indique, et j'ai voulu vous faire bien comprendre les raisons qui guidaient mon choix.

Roger, qui avait écouté de toutes ses oreilles cette longue explication, s'écria joyeusement.

— Moi aussi, j'ai compris ! très bien compris !

— Tant mieux. Alors pour mériter tout à fait mes éloges, montre-nous pratiquement comment se fait la maçonnerie de moellons.

— Comment cela, pratiquement?

— En en faisant toi-même. Tu as assez vu travailler les maçons à Paris pour te rappeler de quelle façon ils s'y prennent.

— Oh ! rien de plus facile.

Et Roger, retroussant ses manches, se mit à crier : « Hé ! garçon ! » Puis, revêtant un grand tablier de cuir jaune qui lui descendait sur les pieds, il se saisit de la truelle qu'on lui tendait, prit du mortier, en étendit une couche épaisse sur le mur, posa dessus un beau moellon et l'assujettit en le frappant légèrement avec la hachette, puis il plaça un second moellon en face du premier, remplit les intervalles de petites pierres et de mortier, et recouvrit le tout d'un autre moellon qui faisait parpaing, c'est-à-dire occupait toute l'épaisseur du mur ; et se retournant sa besogne faite :

— Ce n'est pas plus malin que cela, fit-il.

M. Aubair et Jacques applaudirent, et tous trois continuèrent leur visite.

— Qu'est-ce que cela ? dit M. Aubair en montrant une pierre déjà placée et traversée par une ligne verticale à peine perceptible.

— C'est un fil, répondit Jacques, la pierre ne bougera pas.

— C'est bien un fil, mais comme la pierre est en délit, c'est-à-dire n'est pas placée dans le même sens qu'à la carrière, la fente va s'écarter ; il faut la changer.

— Est-ce que les pierres doivent être placées dans un sens plutôt que dans l'autre ? demanda Roger.

— Tu vois bien que oui. Elles doivent, dans la construction, reposer exactement comme elles reposaient dans la carrière, autrement elles peuvent, sous l'effet de la charge, se fendre et s'écarter ; tandis que si elles sont bien placées sur leur lit de carrière, elles n'ont plus la même tendance à se fendre, et en tous cas la charge les maintient.

— Ça, je le comprends encore ; mais ce que je ne comprends pas du tout, c'est comment des voûtes peuvent tenir en l'air et ne pas s'écraser ; il me semble que des planchers seraient plus solides et plus faciles à construire.

— Je vais te le faire comprendre sans grande difficulté.

Prends cette planchette, courbe-la et retiens ses extrémités entre deux gros moellons (fig. 112). Jacques et moi allons, en outre avec nos pieds, consolider les moellons pour qu'ils ne bougent pas. C'est là une espèce de voûte, n'est-ce pas ?

— Oui, monsieur.

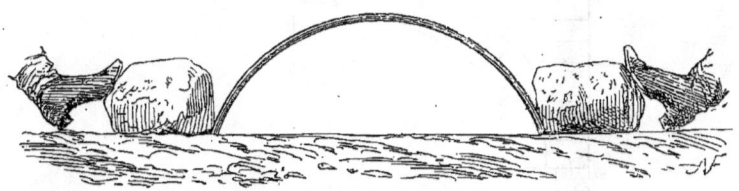

Fig. 112. — L'arc d'une voûte.

— Monte dessus. N'aies pas peur, la planchette ne cassera pas.

Roger monta sur la planchette qui résista fort bien à la charge de son poids.

— Dégage la planchette et mets-la à plat sur les deux moellons.

— C'est fait.

— Monte dessus comme la première fois.

La seconde expérience n'eut pas le même succès que la première et la planchette se brisa.

— Tu vois donc d'abord, d'une façon évidente, qu'une voûte offre plus de résistance qu'un plancher puisque la planchette, courbée en forme de voûte, supporte une charge qui l'a fait rompre quand elle était horizontale, en forme de plancher.

Prends cette autre planchette, place-la entre deux moellons, en la courbant comme la première fois. Si tu montes dessus sans que nos pieds maintiennent les moellons, elle s'affaissera, redeviendra horizontale et tombera par terre ; mais si, au contraire, nos pieds offrent une résistance suffisante à la poussée, c'est-à-dire à la déformation de la planchette qui tend à redevenir plane, il n'y aura alors aucune chance

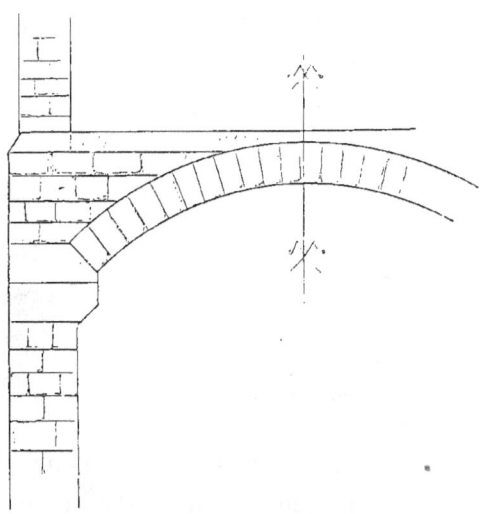

Fig. 113. — Construction d'une voûte.

de chute ou de rupture à craindre de la part de la voûte représentée par la planchette, tu le vois toi-même.

Ce second exemple te montre donc bien que la stabilité, la solidité d'une voûte dépend sans parler du soin apporté à sa construction, de la solidité et de la stabilité des points d'appui qui la supportent et des forces qui la contrebuttent.

Comprends-tu, maintenant que si nous construisons une voûte avec de bons matériaux, si nous la contrebuttons, « si nous neutralisons

Fig. 114. — Le tas.

sa poussée » au moyen de murs assez épais pour l'empêcher de se redresser, comme tout arc tend à le faire, notre voûte restera solide et ferme (fig. 113) ?

Passons à autre chose.

Sais-tu comment se construisent les cheminées et comment elles traversent les murs pour sortir au-dessus du toit ?

Roger fit signe que non.

— Regarde d'abord comment on les construit pendant que tu es sur le tas.

— Sur le tas ? Je suis par terre. Et Roger, tout étonné, regardait ses pieds.

— En terme de métier, on appelle tas l'ensemble du chantier qui, pendant tout le cours des travaux, est en effet, un tas (fig. 114) informe dans lequel il est assez difficile de se reconnaître à moins d'en avoir l'habitude. Je te disais donc de regarder les emplacements destinés aux cheminées.

On réserve à l'emplacement de la cheminée, un vide qui se termine par une gaîne. Ce vide sera plus tard l'âtre de la cheminée, et la gaîne le conduit de fumée. Ces gaînes montent verticalement ou obliquement quand les cheminées des différents étages ne sont pas placées les unes au-dessus des autres. On emploie, pour leur construction des briques d'une certaine forme que Jacques a d'avance fait disposer làbas pour bien montrer aux ouvriers la façon dont ils devaient s'y prendre. Enfin, on les couronne par un mitron ou pot en terre cuite qui diminue leur orifice et augmente le tirage du foyer.

— Et ces cheminées ne fumeront pas ?

— J'espère que non, car nous aurons soin de monter les conduits de fumée droits et verticaux, et, sous tous les foyers, nous ménagerons des courants d'air venant de l'extérieur et faisant *tirer* la cheminée en y déterminant l'aspiration nécessaire (fig. 115).

— Quelle pierre bien taillée! dit Roger, en s'arrêtant devant un bloc de pierre que travaillait un ouvrier.

— Oui, son parement vu (sa face apparente) est entouré d'une ciselure taillée au ciseau, comme tu le vois (fig. 116) et la partie

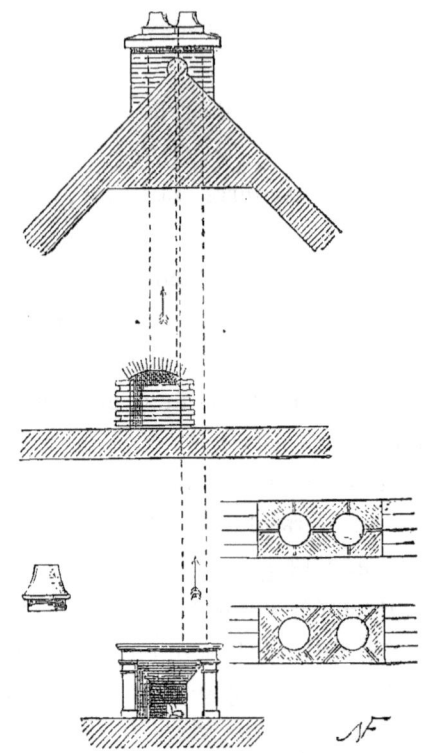

Fig. 115. — Les conduits de fumée.

centrale, bouchardée. Tu te rappelles l'usage de la boucharde que je t'ai expliqué à Paris (fig. 105 F).

Ces pierres doivent recevoir les extrémités des poteaux de la grange et des étables, aussi sont-elles très dures et exigent-elles une taille particulière pour conserver leurs arêtes.

— Monsieur, interrompit Jacques, j'ai à vous demander quelques explications sur le bâtiment des domestiques. Par suite d'une erreur de cote sur le plan, les portes percées dans le mur de refend, au rez-de-

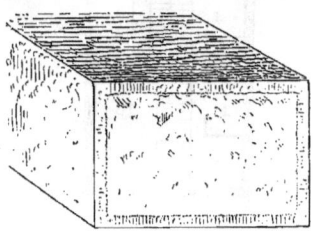

Fig. 116. — Pierre taillée entre quatre ciselures.

chaussée, ne se trouvent pas convenablement placées. Le plan indiquait 1 mètre de distance entre le mur et la porte ; or, la dernière marche de l'escalier extérieur arrive à $1^m,30$ et, par conséquent, la porte ne peut plus s'ouvrir.

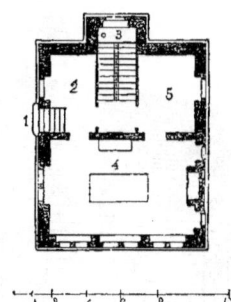

Fig. 117. — Plan du rez-de-chaussée du bâtiment des domestiques.

1. Entrée.
2. Vestiaire.
3. Privés.

4. Salle commune cuisine.
5. Laverie.

M. Aubair prit le plan que lui présentait Jacques (fig. 117) et reconnut l'erreur signalée qui provenait, comme il l'expliqua à Roger, de ce que l'attache (le point de départ) de la cote partait du parement extérieur du mur au lieu de commencer au parement intérieur.

— Mon garçon, fit M. Aubair, il faut forcément reporter la porte à la place qu'elle doit occuper.

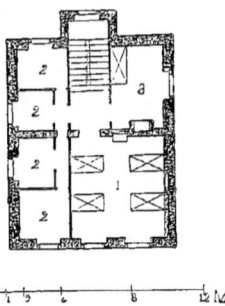

Fig. 118. — Plan du premier étage du bâtiment des domestiques.

1. Dortoir commun. | 2. Chambres séparées. | 3. Infirmerie.

— Mais alors nous repousserons également la seconde porte.

Fig. 119. — Bâtiment des domestiques.

— Nécessairement. Il faudra, d'un côté, réduire la largeur des por-

HISTOIRE D'UNE FERME.

tes et l'augmenter d'autant, en bûchant (taillant, démolissant) de l'autre côté.

— Ça va faire bien des frais.

— Malheureusement, oui; mais nous n'y pouvons rien; vous auriez dû me prévenir plus tôt.

— J'ai fait mon tracé d'après le plan, et c'est en voulant placer l'escalier que j'ai vu que ça n'allait pas.

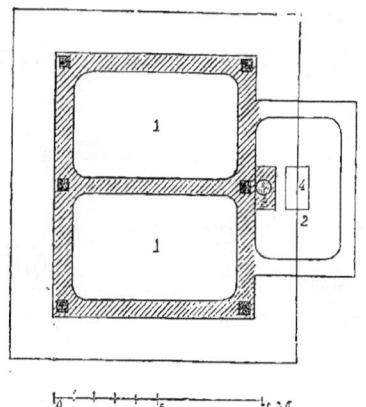

Fig. 120. — Plan des fosses à fumier.

1. Fosses à fumier.
2. Citerne à purin.
3. Pompe à purin.
4. Tampon d'extraction.

— C'est moi le premier coupable; et tu vois, Roger, le soin qu'il faut apporter à vérifier un plan dans ses plus petits détails avant de le donner aux ouvriers; et comme un architecte s'expose facilement à des malfaçons qui, pour lui, peuvent se traduire par des pertes d'argent.

— C'est donc l'architecte qui supporte les conséquences d'erreurs de ce genre?

— Sans aucun doute; mais, dans la pratique, dit en riant M. Aubair, l'architecte s'arrange toujours de façon à les faire payer par son client. A celui-ci de savoir faire choix d'un architecte assez habile pour en commettre le moins possible.

— Voulez-vous, Monsieur, dit Jacques, m'indiquer la distribution du plan du premier étage de ce bâtiment des domestiques (fig. 118)?

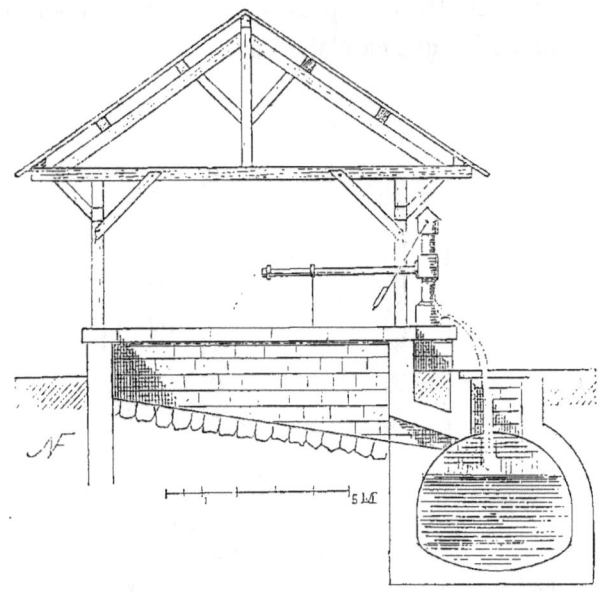

Fig. 121. — Coupe des fosses à fumier.

— Elle est bien simple : voici 1, la chambre commune ou le dortoir; 2, quatre chambres particulières, et 3, l'infirmerie.

— Les charpentiers qui ont taillé la charpente du toit ont oublié la croupe qui coupe le pignon de la façade principale (fig. 119).

— Parce qu'ils ont trouvé que ça leur donnait trop de mal ; il faut exiger qu'ils la rétablissent.

Allons voir les fosses à fumier afin de nous assurer que mes recommandations ont été suivies.

Les fosses à fumier étaient divisées en deux compartiments destinés à recevoir, l'un, le fumier frais, l'autre le fumier déjà consommé (fig. 120).

Le sol de ces fosses était en plan très incliné de façon à laisser facilement écouler le purin (les parties liquides du fumier) dans une citerne mise en communication directe avec ces fosses (fig. 121). Une pompe installée entre la citerne et les fosses remonterait ces liquides et en aspergerait le fumier.

Un toit, qu'on était en train d'élever, devait protéger le fumier éviter que les pluies ne le délayent ou que le soleil ne le dessèche.

# CHAPITRE XXVI

OU ROGER DÉCOUVRE LE RAPPORT QUI EXISTE ENTRE LA BRIQUE ET LE JEU DE DOMINOS.

Roger avait vidé, sur une table du salon, une boîte de dominos et cherchait à les placer suivant certaines combinaisons; il n'y réussissait pas, paraît-il, car il recommençait sans cesse et menait grand bruit en agitant les dominos.

— Qu'est-ce que tu fais donc là? lui dit son père, sois moins bruyant.

— Je cherche à retrouver les combinaisons des murs de briques, et je ne peux pas en venir à bout.

— C'est une assez ingénieuse idée que tu as eue là, dit M. Aubair en s'approchant de lui, en effet, les dominos ont à peu près les mêmes proportions que les briques. Commence par le mur le plus simple, le moins épais. Te rappelles-tu de combien de briques il doit se composer?

— De deux briques en largeur et d'une en longueur.

— Place donc tes dominos; mais pas à la suite les uns des autres. Je vais te répéter ce que je t'ai dit si souvent aux vacances dernières : réfléchis un peu. Mets deux briques en long, une en travers, puis deux en long et ainsi de suite. Place un rang au-dessus du premier de façon que les joints des briques se coupent, c'est-à-dire ne se trouvent pas les uns au-dessus des autres.

— Te rappelles-tu les dimensions des briques?

— 0,22 de long, 0,11 de large, 0,05 d'épaisseur.

— Combien alors ton mur a-t-il d'épaisseur?

— La longueur d'une brique, 0,22 ou la largeur de deux briques de 0,11 ; c'est toujours 0,22 (fig. 122).

— Voilà le mur en briques, le plus simple, trouvé : Continues.

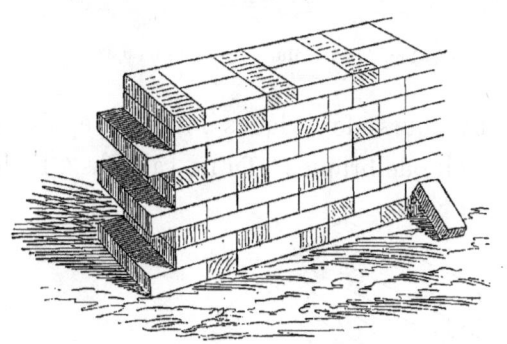

Fig. 122. — Mur en briques de 0,22.

De combien de briques se compose le mur de la seconde espèce?
Roger garda le silence.

— Il se compose de deux briques, comme le premier, reprit M. Aubair, avec cette différence que les briques, au lieu d'être placées deux en large et une en long, sont placées deux en long et une en large.

Reprends tes dominos ; places-en deux en long et mets à la suite un en large à côté de celui en long. Bien. Continues de la même manière (fig. 123). Combien ce mur aura-t-il d'épaisseur?

— Une longueur de brique 0,22, plus une largeur 0,11, en tout 0,33.

— Très bien, seulement dans la pratique il faut tenir compte de l'épaisseur des joints qui séparent les briques et de celle des enduits dont le plus souvent on recouvre les parements.

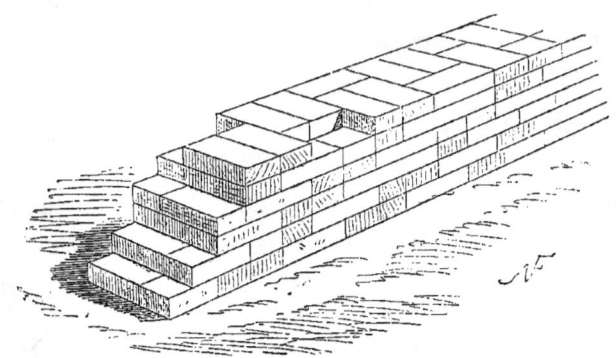

Fig. 123. — Mur en briques de 0,33.

— Passons aux murs de briques les plus épais. Combien leur épaisseur exige-t-elle de briques? Tu ne sais pas? Tu les as pourtant

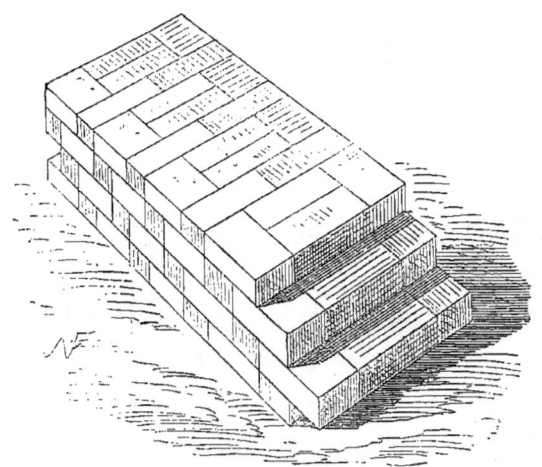

Fig. 124. — Mur en briques de 0,44.

assez comptées sur le tas! Il en faut quatre. Places deux dominos en long et mets-en un en large à chaque extrémité; puis, de chaque côté mets en deux en long bout à bout. Cela te fait, tu vois, une maçonnerie bien liaisonnée dont les joints sont exactement coupés. Combien ce mur-là aura-t-il d'épaisseur (fig. 124)?

— Une brique en long 0,22, deux en large 0,11 et 0,11 en tout 0,44 non compris les joints.

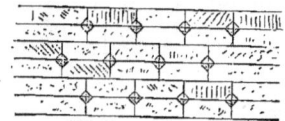

Fig. 125. — Exemple d'imbrications.

— Tu fais des progrès. Voilà donc les murs en briques expliqués et compris. Est-ce que Jacques ne t'a pas mené aux vacances dernières aux tuileries bourguignonnes de Chagny?

— Oui, monsieur.

— N'as-tu pas vu des briques spéciales qu'on fabriquait pour nous? Des briques écornées?

— C'est cela, le briquetier disait qu'il n'en avait jamais fabriqué de pareilles.

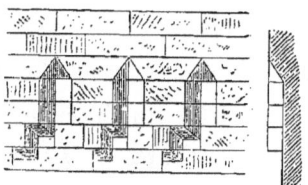

Fig. 126. — Exemple d'imbrications.

— Je vais t'apprendre à quoi elles nous serviront.

Les plus simples sont des briques dont un angle est enlevé; quatre briques de ce genre (fig. 125), rapprochées les unes des autres, formeront un petit trou noir destiné à rompre l'uniformité des lignes de briques et du fond blanc des murs.

Deux briques ordinaires placées sur une arête et surmontées de deux autres briques à l'angle abattu, comme les premières, formeront un petit ornement, une arcature (fig. 126), qui, répétée au sommet des murs, au niveau des planchers, accusera, c'est-à-dire montrera les lignes principales de la construction.

En plaçant des briques comme les précédentes et en les surmontant d'autres briques coupées à angle droit, on augmentera encore l'effet produit dans l'exemple précédent; surtout si on ajoute à ces

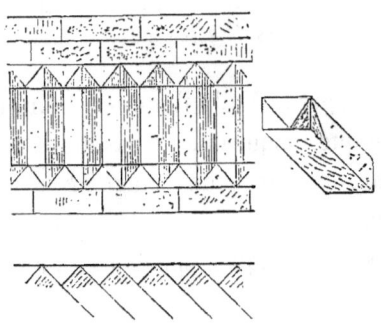

Fig. 127. — Exemple d'imbrications.

deux rangs de briques, un troisième rang de briques ordinaires sur l'arête, de façon à représenter des dents de scie (fig. 127).

Ces combinaisons sont très ingénieuses, firent M. et M$^{me}$ de Charly qui s'étaient approchés. Où les avez-vous trouvées, il n'en existe pas en France.

Elles sont très fréquemment employées en Allemagne, dans le Brunswick et le Hanovre, et, chose singulière, j'ai retrouvé un jour des dessins analogues dans les constructions d'un petit village d'Italie où j'étais retenu par une assez sotte aventure.

— Une histoire, contez-nous-la bien vite.

— Elle ne sera pas longue.

J'allais de Naples à Rome et, arrivé à la frontière des États pontificaux, je soumis respectueusement mon sac de voyage à la visite de la douane ; je pensais n'avoir rien de *sujet aux droits*, ma conscience était tranquille, et j'espérais être promptement quitte de cette ennuyeuse formalité, quand le trop rigide fonctionnaire chargé de s'assurer que je n'avais pas fait 500 lieues et plus, pour passer en fraude une boîte de cigares ou un paquet de bougies, aperçoit, au fond de mon sac, une paire de bottines enveloppées dans un journal français, un journal mal pensant, je l'avoue ; il confisque le tout et me fait empoigner par deux carabiniers qui m'entraînent avec le dessein évident de m'envoyer gémir sur *la paille humide d'un cachot*. Je résistai ; je protestai de mon mieux ; je savais, en ce temps-là, assez d'italien pour m'expliquer et me défendre. On se contenta de me garder à vue pendant plusieurs heures, et j'en profitai pour dessiner les constructions en briques fort curieuses dont je vous parlais. Bref, j'obtins, vers le soir, d'être autorisé à continuer mon voyage, mais dépouillé de mes bottines et du journal qui les enveloppait, le tout conservé comme pièce de conviction.

Arrivé à Rome, je me mis en tête d'obtenir la restitution de ma chaussure ; une paire de bottines neuves, bonnes et solides n'est pas, en voyage, chose dépourvue d'intérêt ; et je me livrai à ce sujet, à des réclamations aussi nombreuses que désagréables, *je réclamai l'intervention de l'ambassade !* Enfin, je reçus, un beau jour, avis de me rendre au Monte-Citorio et là, après beaucoup de formalités, de questions, après un long interrogatoire, on me remit une grande enveloppe scellée du sceau rouge de l'anneau du pêcheur et qui contenait....... le numéro du journal ayant enveloppé mes bottines.

— Et les bottines ?

— Je n'en ai jamais entendu parler. J'avais sans doute le malheur de posséder un pied de même dimension que celui d'un des fonctionnaires de notre Saint-Père.

## CHAPITRE XXVII

### LES FENÊTRES.

— Eh! Roger, où cours-tu donc si vite?
— Je vais chercher Justin pour aller au bois.
— En revenant, passe donc par le chantier ; tu diras à Jacques que j'ai à lui remettre les détails, les dessins d'exécution de la maçonnerie des fenêtres.

M. Aubair se remit à l'ouvrage et un peu plus tard, il vit entrer à l'atelier Jacques et Roger.

Comme il ne pouvait interrompre le dessin qu'il avait commencé, il leur dit d'examiner les feuilles préparées par lui, et qui étaient placées sur une table voisine. Demandez-moi ce que vous ne comprendrez pas, leur dit-il, je peux parler en dessinant.

— Toutes les fenêtres ne seront donc pas semblables ? dit Roger, dès qu'il eut jeté un coup d'œil sur les dessins.

— Mais certainement non, M. Roger, répondit Jacques, elles varieront de forme, d'importance, de dimensions, suivant qu'elles seront percées dans les murs des écuries ou dans celles du bâtiment d'habitation.

Vous voyez : les unes sont très simples, construites en moellons (fig. 128), les autres cintrées avec des moellons piqués (fig. 129), les autres enfin seront en pierre de taille avec arc de décharge (fig. 130).

— Dans les premières (fig. 128), on a mis un morceau de bois pour *fermer* le dessus.

Fig. 128. — Fenêtre avec linteau en bois.

— Le linteau, cria M. Aubair.
— Mais, à quoi servent ces pierres placées en triangle sur le linteau ?

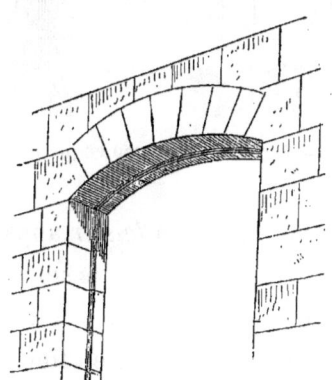

Fig. 129. — Fenêtre cintrée.

— A empêcher la charge du mur d'écraser ce linteau et de le faire rompre, reprit Jacques. Le poids du mur ne repose plus seulement sur le linteau, mais est reporté sur les deux piédroits.

— Qu'est-ce que c'est que les piédroits ?

— Une fenêtre ou plutôt l'encadrement d'une fenêtre se compose de quatre parties : l'appui, la partie basse, le linteau, la partie haute ou le couronnement et les piédroits ou montants.

— Mais ce linteau en bois va pourrir, M. Aubair m'a dit que le bois renfermé dans la maçonnerie se détériorait rapidement.

— M. Aubair ne me laissera pas enfermer ce bois dans la maçon-

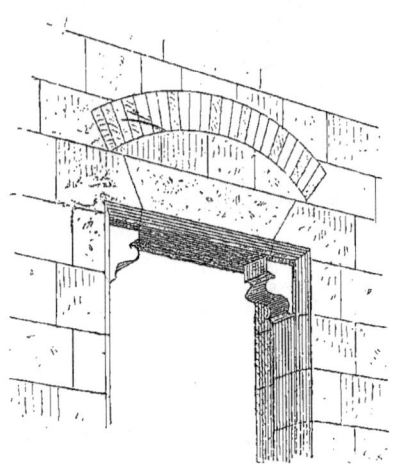

Fig. 130. — Fenêtre avec linteau en pierre et arc de décharge.

nerie, n'ayez pas peur ; il le fera *laisser* apparent ; la maçonnerie sera ensuite recouverte de mortier et le bois sera peint.

— Mais pourquoi cette autre fenêtre n'a-t-elle pas de linteau ?

— Elle est fermée par un arc qui en tient lieu (fig. 129).

— Et, dit M. Aubair qui s'était rapproché, comme elle est beaucoup plus large que la précédente, il eût fallu un linteau très long et par conséquent très fort qui eût coûté plus cher qu'un arc en moellons.

— On aurait pu le mettre en pierre, comme dans la troisième fenêtre (fig. 130).

— C'est vrai. Mais cette troisième fenêtre n'est pas d'une construction économique ; elle est toute en pierre, et exige des combinaisons assez compliquées ; ainsi le linteau est soulagé, soutenu, dans sa portée ou sa longueur, par deux petits corbeaux, deux saillies prises sur les montants; en outre, au-dessus, est tracé un arc de décharge, en briques, qui remplace le triangle de moellons de la première fenêtre.

— Où placera-t-on ces fenêtres-là ?

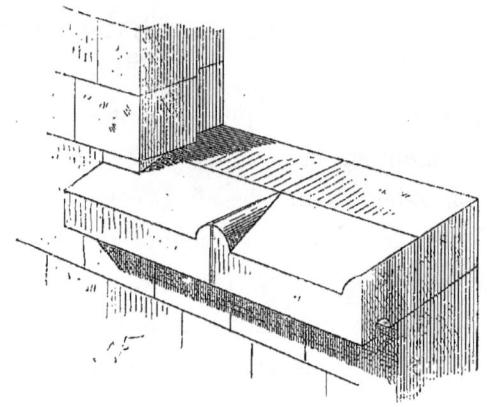

Fig. 131. — L'appui d'une fenêtre.

— Dans la maison de M. Morlot, afin de distinguer son habitation des autres bâtiments de la ferme. Remarque, du reste, que ces dernières fenêtres ne te paraissent riches que par opposition à l'extrême simplicité des bâtiments d'exploitation.

— Encore une question, Monsieur, fit Roger. Que représente donc ce dernier dessin (fig. 131) ?

— L'appui de la fenêtre précédente.

— Mais, Monsieur, dit Jacques à son tour, je ne sais pas pourquoi vous l'avez indiqué en trois morceaux ; nous pourrons très bien trouver, à Narcy, des pierres assez longues pour le faire d'une seule pièce.

— En effet ; mais y a-t-il, dans les maisons du pays, beaucoup d'appuis qui soient restés intacts, combien m'en montrerez-vous qui ne soient pas brisés par un tassement de la construction ?

— C'est vrai.

— Il vaut donc bien mieux prendre les devants et casser nous-mêmes les appuis de nos fenêtres ; au moins nous les casserons où nous voudrons.

— A quoi servent, Monsieur, reprit Roger, ces moulures saillantes de l'appui ?

— Les appuis reçoivent toujours beaucoup d'eau, à cause de la saillie qu'ils forment sur la face des murs ; cette eau s'introduit dans les joints et, la gelée aidant, les fait éclater. Si, au contraire, les joints sont taillés de façon à empêcher l'eau de séjourner et à la faire écouler de chaque côté (fig. 131), l'inconvénient que je te signale est évité, et la durée des appuis indéfiniment prolongée.

— Est-ce que nous taillerons tous les appuis de cette façon ? demanda Jacques.

— Ce serait parfaitement inutile ; nous réserverons les précautions de cette nature pour les grands appuis en pierre, de la maison du fermier ; il importe très peu que l'appui de la fenêtre d'une écurie soit fendu d'une façon irrégulière ou inégale.

Ces détails sont les derniers dont vous aurez besoin pour les travaux de maçonnerie ? J'emporte avec moi une vue de l'état des travaux (fig. 132) ; je me rendrai compte, au moyen de vos lettres, de ce que vous ferez en mon absence. Nous voici à la fin d'avril ; je ne pense pas revenir avant le mois d'août ; nous nous occuperons alors de la charpente et de la couverture qui pourra être finie avant le commencement de septembre. Il nous restera un mois pour la menuiserie e

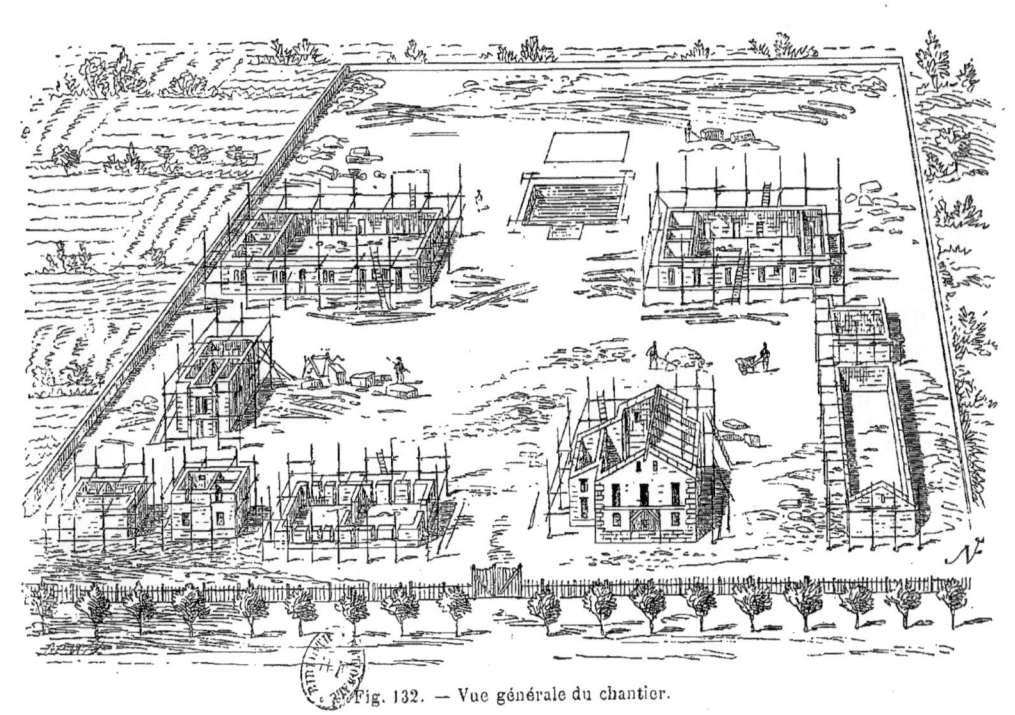

Fig. 132. — Vue générale du chantier.

pour achever les travaux. Nous pourrons donc faire l'inauguration de la ferme à la fin de septembre.

En attendant cet heureux jour, ami Roger, il faut retourner à Paris avec moi et y attendre avec patience et courage le moment où tu auras conquis deux mois de liberté.

# CHAPITRE XXVIII

LES VACANCES DE ROGER ET LA COUVERTURE DES BATIMENTS
DE LA FERME.

Le moment vint où Roger quitta de nouveau le lycée pour retourner dans la Nièvre. Comme à Pâques, M. Aubair l'accompagnait : une seconde saison aux eaux de Pougues lui était nécessaire, et son ami de Charly avait déclaré que, sans sa présence sur les lieux, les travaux de la ferme ne finiraient jamais. Il était donc installé au château, comme l'année précédente et, sans la ferme neuve dont les constructions s'apercevaient à mi-côte, personne n'aurait eu de raison pour penser qu'une année s'était écoulée depuis l'époque de la rencontre des deux amis.

Les travaux de la ferme étaient fort avancés, quoiqu'en dît M. de Charly qui, en sa qualité de propriétaire, trouvait toujours que rien n'allait assez vite. Toute la maçonnerie était terminée, comme gros œuvre ; la charpente était posée ; les fermes, qui différaient essentiellement de celles dont les mauvaises dispositions avaient amené la ruine de la grange de M. Morlot, dressaient, en l'air, leurs grandes carcasses. On entendait les charpentiers clouer les chevrons ; les tuileries bourguignonnes envoyaient la tuile et on l'entassait devant chaque bâtiment.

— Comment pourra-t-on placer les tuiles sur les toits, se demandait Roger, les chevrons sont écartés de 0^m,50 les uns des autres, la tuile a 0^m,30 de largeur, elle passera au travers ?

Il comprenait bien qu'un complément de travail était nécessaire, et ne voulait pas s'informer auprès de Jacques ou de M. Aubair; il préférait attendre. Il n'attendit pas longtemps, du reste, pour obtenir satisfaction et vit bientôt arriver les couvreurs avec de longues tiges de bois « des liteaux » qu'ils clouèrent sur les chevrons à distance convenable pour recevoir la tuile.

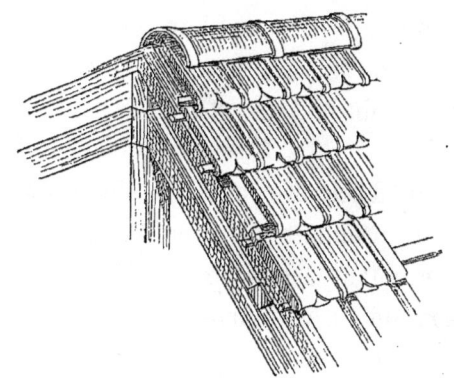

Fig. 133. — Couverture.

A peine quitte de cette préoccupation, Roger en eut une autre : comment réunirait-on les tuiles au sommet du bâtiment, au faîtage ? Il lui semblait, avec raison, que la jonction de ces tuiles ne pourrait être assez complète pour empêcher l'introduction de la pluie. Il s'adressa à Justin qui lui montra des tuiles d'une forme particulière, des tuiles creuses « des faîtières » qui recouvraient les extrémités des tuiles de chaque versant « de chaque rampant » du toit (fig. 133).

— Mais, ajouta Roger, comment s'y prend-on pour placer un nombre exact de tuiles sur la pente d'un toit ? D'une part ces tuiles ont toutes la même longueur, d'une autre, les pentes du toit ont une longueur très variable ; comment concilier ces deux conditions ?

— Par un moyen bien simple, monsieur Roger. Si les couvreurs emploient des tuiles faites à la mécanique, ils mesurent la longueur du toit avant de clouer les liteaux sur les chevrons, et comptent le nombre de rangs de tuiles qui leur sont nécessaires. Ils divisent ensuite le rampant en parties égales et, s'il leur reste une certaine longueur, ils la recouvrent avec des tuiles ayant la moitié ou les trois quarts d'une tuile.

Quand il s'agit d'employer les tuiles ordinaires, plates ou creuses, les ouvriers se contentent d'augmenter ou de diminuer le pureau, c'est-à-dire la partie de la tuile laissée à découvert par celle qui la précède. La longueur du pureau est d'environ le tiers de la longueur de la tuile.

Roger acheva ainsi d'acquérir les notions qu'il désirait sur le métier de couvreur et, à la première visite de M. Aubair sur le chantier, il l'accompagna en répétant à chaque instant les mots techniques de faîtières, de liteaux, de pureau ; mais le pauvre garçon en fut pour ses frais, M. Aubair, préoccupé sans doute, ne fit pas attention aux connaissances fraîchement acquises par son élève.

M. Aubair attendait, en effet, un entrepreneur qu'on lui avait annoncé et qui venait de Nevers pour établir les gouttières et les descentes des eaux des toits, un ferblantier, comme on l'appelait dans le pays, un plombier-zingueur, comme on eût dit à Paris. Cet entrepreneur était déjà venu une première fois, avant le retour de l'architecte, et avait préparé, au sommet d'un mur, un modèle indiquant la façon dont il entendait exécuter ses travaux : ce modèle ne convenait pas du tout à M. Aubair qui le dit nettement à l'ouvrier, dès que celui-ci parut.

— C'est vous qui avez préparé ce modèle de chêneau en haut de ce mur ?

— Oui, Monsieur l'architecte ; j'ai indiqué le profil d'un entablement que M. l'architecte pourra changer s'il ne lui convient pas : c'est celui de la maison de M. le président du tribunal, sur la place Ducale. M. l'architecte a certainement remarqué que cet entablement s'emboîte à l'intérieur pour recevoir le chéneau qui, de cette façon, n'est pas du tout apparent sur la façade.

— D'abord, je ne vois pas quel avantage vous trouvez à cacher ainsi le chéneau et, sans discuter les mérites de votre modèle, que je n'approuve pas, je vous ferai observer que nos toits se terminant par une *queue de vache*, c'est-à-dire par une forte saillie sur les murs, ce renseignement-là est pour toi, Roger, nous ne les couronnerons pas par une corniche et nous ne pourrons placer, à leur extrémité, des chéneaux pour les recevoir ; il nous faudra employer des gouttières.

— Des gouttières apparentes pour les écuries ; mais pas pour la maison de M. Morlot ; elle aurait l'air d'une maison de paysans.

— Des gouttières apparentes pour tous les bâtiments. Vous les exécuterez avec soin, ce qui vous sera facile, car si je blâme l'idée de vos chéneaux, je n'en constate pas moins, en les examinant, qu'ils sont bien faits, ce qui est assez rare.

Ce compliment aida le malheureux ferblantier à supporter le rejet de son modèle de chéneau avec lequel il avait compté éblouir l'architecte de Paris.

— Je n'ai pas besoin de vous donner de longues explications au sujet des gouttières ; et ce n'est pas un travail difficile, et vous devez en avoir une grande habitude.

Demandez seulement au chef d'atelier, qui vient là-bas, la direction des conduites pour l'écoulement des eaux, afin de vous guider dans l'établissement des pentes de vos gouttières et descentes.

A peine le ferblantier s'était-il éloigné, que Roger demandait à M. Aubair de lui expliquer la signification des mots chéneaux, gout-

274 HISTOIRE D'UNE FERME.

tières, et le motif de son refus du travail qu'on lui avait soumis.

— Les chéneaux et les gouttières sont tous deux des conduits placés à l'extrémité des toits pour servir à l'écoulement des eaux pluviales.

Les chéneaux sont placés au sommet des murs, et couronnent la

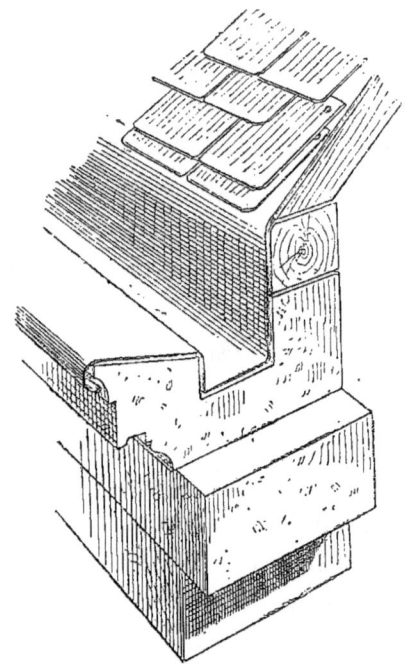

Fig. 134. — Chéneau modèle rejeté.

maçonnerie ; ils sont très variés de forme et d'importance ; souvent, on les décore de sculptures de terre cuite, de plaques de métal. Tu en as vu sur les grands monuments de Paris, sur les hôtels et les maisons particulières.

Les gouttières sont des chéneaux primitifs ; elles se composent, le plus souvent, d'une feuille de métal enroulée à demi, attachée aux chevrons et suspendue à l'extrémité des tuiles. On en voit aussi en bois, creusées dans un tronc d'arbre.

— Il n'y avait pas, en effet, de raisons pour mettre des chéneaux aux bâtiments de la ferme. Des gouttières suffisent très bien.

— Surtout des chéneaux comme on nous les proposait.

— Ces chéneaux n'étaient donc pas bons?

— Ils étaient très mauvais. Regarde donc que la partie creuse du

Fig. 135. — Chéneau modèle approuvé.

chéneau, le canal dans lequel doivent passer les eaux, se trouve juste au milieu du mur (fig. 134) ; suppose une infiltration, un défaut quelconque dans le métal, un accident causé par la gelée, l'eau pénètre immédiatement dans le mur et y cause rapidement de grands désordres.

— Mais, alors, l'emploi des chéneaux est une mauvaise chose?

— On peut remédier aux inconvénients que je te signale, et on n'est pas tenu de suivre les indications du ferblantier de Nevers.

— Ce ne serait pas trop long de me dire comment ?

— Non. Je vais te tracer seulement le croquis d'un chéneau rappelant ceux en usage dans les édifices du moyen âge.

La corniche se composait d'une longue dalle de pierre de taille ; elle faisait saillie sur le mur de face et était soutenue par de petits corbeaux.

Au lieu de placer le chéneau sur le mur, on le plaçait sur la saillie

Fig. 136. — Gouttière.

de la corniche ; et tu comprends bien, alors, qu'en cas d'infiltrations, d'accidents quelconques (fig. 135), l'eau tombait en dehors du mur et non pas dans l'intérieur.

— La gouttière fait la même chose (fig. 136).

— Exactement, mais d'une façon plus simple et plus économique.

Le plombier, après s'être entendu avec Jacques, revenait sur ses pas ; il avait oublié de demander à *Monsieur l'architecte*, comment il devait faire les descentes des eaux.

— En zinc. Vous placerez à leur base des *bottes* en fonte de 1 mètre de haut, et vous les retiendrez au mur au moyen de colliers à charnières.

Fig. 137. — Collier à charnières.

M. Aubair regardait Roger en achevant ces mots, et sans attendre que celui-ci demandât les explications nécessaires, il s'empressa de lui dire :

Fig. 138. — Descente des eaux.

— On fait l'extrémité des descentes des eaux en fonte pour les protéger contre les chocs qui les auraient bientôt percées ou défoncées. Quant aux colliers, ce sont les liens qui retiennent les descentes aux murs. Ces colliers sont garnis d'une charnière qui permet de les ouvrir et, en cas de besoin, la descente ou une partie de la descente peut être retirée sans difficultés, pour être remplacée ou réparée (fig. 137). J'ajoute, comme dernier renseignement à cet égard, que nous placerons sous les descentes une cuiller en pierre, dalle creusée sur laquelle tomberont les eaux, de façon à les éloigner pour qu'elles ne dégradent pas les abords des murs et ne pénètrent pas dans les fondations (fig. 138).

## CHAPITRE XXIX

### L'ESCALIER.

— Je crois, Monsieur, dit Roger, que la maison de M. Morlot sera comme celle de ce propriétaire dont vous nous parliez l'année dernière ; elle n'aura pas d'escalier.

— Qu'est-ce qui te fait croire cela ?

— Mais, voilà la maison couverte, le menuisier est venu de Nevers savoir s'il fallait envoyer sa menuiserie ; je lui ai demandé si l'escalier était prêt, il m'a répondu qu'il n'avait pas reçu d'ordres à ce sujet.

— Ce ne sont pas les menuisiers qui font les escaliers, mais les charpentiers. En outre, les escaliers ne se placent qu'au moment où, les travaux étant très avancés, les ouvriers ne peuvent plus dégrader les marches. En tous cas, nous aurons, à la ferme, deux genres d'escaliers, ceux des granges, étables, écuries, etc., qui seront de simples échelles de meunier, c'est-à-dire des échelles dont les barreaux sont remplacés par des planches, et les escaliers des logements, de celui du fermier entre autres qui, bien que présentant de meilleures dispositions, n'en seront pas moins d'une extrême simplicité.

On doit mettre en place celui de la maison de M. Morlot dans quatre ou cinq jours. Voici comment il sera composé :

On placera à mi-étage, en divisant la hauteur entre le sol du rez-de-chaussée et celui du premier étage en deux parties, une pièce de

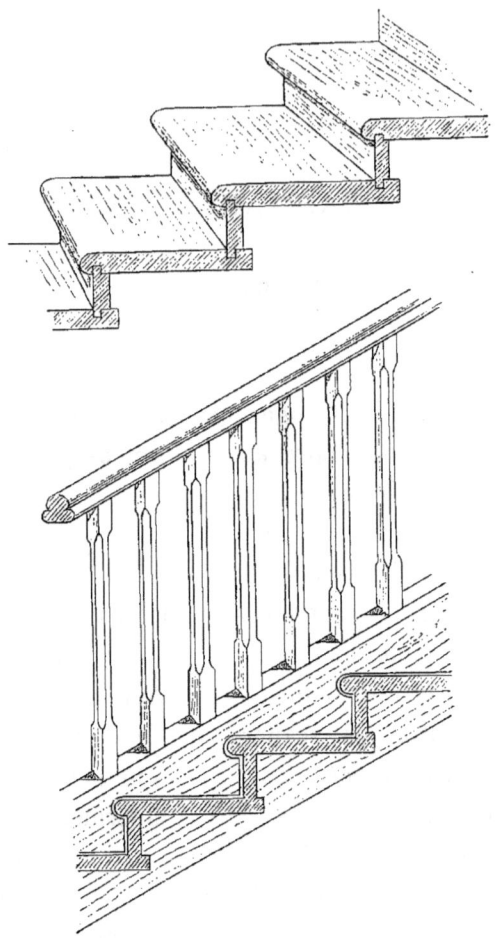

Fig. 139. — L'escalier.

bois destinée à recevoir les marches palières, c'est-à-dire celles précédant le palier; puis, d'un côté, partiront les marches allant au rez-de-chaussée, de l'autre, celles montant à l'étage. Ces marches seront, dans les deux sens, soutenues à leurs extrémités par les crans d'une crémaillère fixée au mur ou appuyée sur le sol et les marches palières (fig. 139). Sur cette dernière crémaillère, sera montée la rampe composée de montants et d'une main courante, « d'un couronnement en bois ». Quant aux marches elles-mêmes, elles auront, comme tu le vois, $0^m,30$ de foulée.

— C'est la partie sur laquelle on repose le pied, qu'on appelle foulée, n'est-ce pas ?

— Précisément ; puis $0^m,16$ de hauteur et 1 mètre de longueur.

— Est-ce que toutes les marches d'escaliers ont les mêmes dimensions ?

— La longueur des marches est excessivement variable, mais leur hauteur ne se modifie jamais que de quelques millimètres, la hauteur de $0^m,16$ est la plus convenable et celle qui fatigue le moins ; plus basses ou plus hautes, les marches sont moins faciles à monter. Il en est de même de la foulée ; $0^m,30$ est une moyenne qui peut augmenter ou diminuer de quelques centimètres ; mais les marches ayant $0^m,20$ de foulée, par exemple, ne permettraient pas au pied de se poser commodément ; et si ces marches avaient $0^m,40$ de foulée ou plus, il faudrait, pour les franchir, faire des enjambées impossibles aux femmes et aux enfants, et très fatigantes pour les hommes.

# CHAPITRE XXX

LA MENUISERIE. — LES PORTES ET LES FENÊTRES.

— On vient d'*amener* les portes et les fenêtres de la ferme, Monsieur, fit Roger en entrant dans l'atelier.

— Ah! tant mieux! répondit M. Aubair; j'avais peur que l'entrepreneur ne fût en retard; nous n'avons pas de temps à perdre pour avoir tout fini avant la fin du mois.

— Mais, Monsieur, ces menuiseries ne ressemblent pas du tout à celles qu'on fait dans le pays.

— Je l'espère bien.

— C'est donc vous qui aviez indiqué ce qu'il fallait faire?

— Certes.

— Un architecte doit donc aussi s'occuper des portes et des fenêtres du bâtiment?

— Il doit s'occuper de toutes les parties de son bâtiment, aucune n'est indigne de son attention et ne doit s'exécuter sans qu'il ait donné les ordres et les détails nécessaires.

— Je vous entends souvent employer ce mot *détail*; qu'est-ce donc, au juste, qu'un détail?

— Quand j'ai donné le dessin de la ferme, c'était un dessin d'ensemble ; quand j'ai donné ceux des diverses maçonneries, c'étaient des détails.

— Je comprends bien cela. Mais, alors, une porte, c'est un détail ?

— Une porte est, en effet, un détail par rapport à la maison ; mais c'est un ensemble par rapport aux éléments dont cette porte se com-

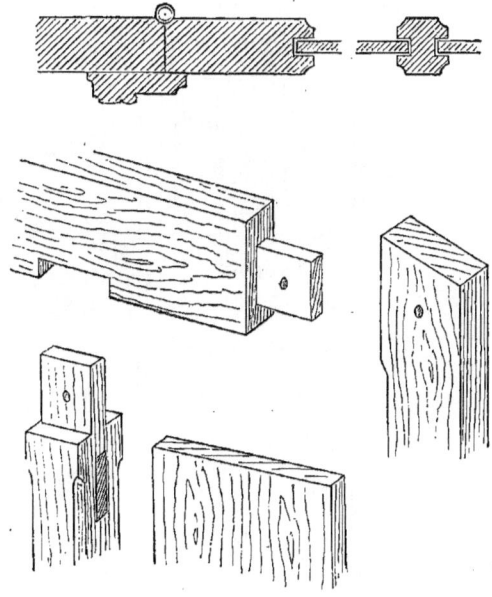

Fig. 140. — Détails de la porte.

pose ; et ces éléments sont les détails dont la réunion forme la porte.

— Je ne vois pas quels peuvent être les éléments d'une porte.

— Tu vas le comprendre rien qu'en examinant les détails (fig. 140), et l'ensemble (fig. 141), que j'avais remis au menuisier de Nevers, pour l'exécution de son travail.

Une porte se compose de panneaux, de montants et de traverses. Les montants sont, comme leur nom l'indique, des pièces de bois verticales ; les traverses, les pièces horizontales ; et les panneaux, les parties pleines, les planches, maintenues par les montants et les traverses.

Voilà les détails. Quant à l'ensemble, c'est la porte elle-même.

— Si le menuisier a eu ces dessins-là entre les mains, son travail n'a pas dû être très difficile.

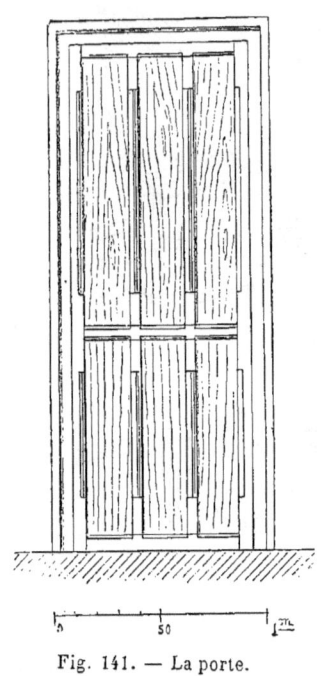

Fig. 141. — La porte.

— Je t'ai souvent dit qu'aucun travail n'était facile quand on voulait le bien faire ; le menuisier a dû comprendre mes dessins et s'y conformer, ce qui était, pour lui, une double difficulté parce que cette manière de préparer la menuiserie sortait de ses habitudes.

— C'est donc vous qui avez inventé cette menuiserie-là?

— Je n'ai rien inventé du tout à cet égard ; tout mon mérite consiste à avoir choisi parmi les œuvres exécutées celles qui étaient les plus sensées et les plus pratiques.

Tu es bien disposé aujourd'hui, et si tu veux maintenir ton attention éveillée pendant quelques instants, je vais faire de toi un parfait menuisier. Il te faudra, pour bien me comprendre, te rappeler ce que

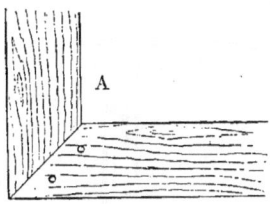

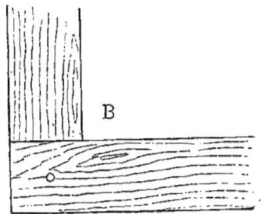

Fig. 142. — Assemblages.

nous avons dit l'année dernière à propos des manières de débiter et de scier le bois.

Roger prit la figure la plus attentive qu'il lui fut possible; et M. Aubair continua :

— Une bonne menuiserie doit remplir trois conditions :

1° N'être formée que de bois assemblés à angles droits ;

2° Ne présenter que des panneaux ayant la dimension donnée par le débit des bois ;

3° N'être jamais affaiblie aux assemblages.

286  HISTOIRE D'UNE FERME.

Tu ne comprends rien à tout cela, n'est-ce pas ?

Écoute encore un peu.

Regarde les angles de la table sur laquelle nous travaillons ; ils sont assemblés à onglets, c'est-à-dire que les deux morceaux de bois qui les forment (fig. 142 A) se terminent en deux pointes aiguës réunies l'une à l'autre. Si, au lieu de se terminer de cette façon, les

Fig. 143. — La fenêtre.

deux bois étaient restés carrés et avaient été assemblés en pénétrant l'un dans l'autre (fig. 142 B), crois-tu que leur assemblage eût été plus solide ?

— C'est bien sûr ; mais on ne doit jamais employer que cette seconde manière.

— Au contraire, c'est la première qui est en grande faveur.

— Pourquoi donc?

— Parce qu'elle permet de laisser les fils de bois horizontaux se continuer avec les fils de bois verticaux.

— Est-ce bien important?

— C'est d'autant moins important que la menuiserie est presque toujours peinte et que, par conséquent, on ne voit plus les fils du bois.

Je passe à la seconde condition nécessaire pour faire de la bonne menuiserie : tu te rappelles qu'à l'occasion des divers modes de débiter les bois, je t'ai fait remarquer que les planches ne pouvaient avoir qu'une certaine largeur. Cette largeur est, en moyenne, de $0^m,28$;

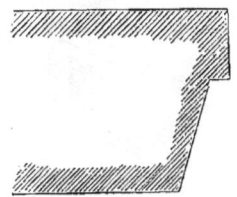

Fig. 144. — Feuillure.

eh bien, il ne faut jamais employer de panneaux qui aient plus de la largeur de la planche.

— Comment pourrait-on avoir des portes assez larges, si les panneaux n'ont que $0^m,28$ ?

— Rien n'empêche d'en employer plusieurs. Des planches de $0^m,28$ donnent, travaillées, $0^m,25$ environ; deux planches de $0^m,25$, un montant au milieu de $0^m,05$ et deux montants extérieurs de $0^m,10$ font $0^m,75$, ce qui est la largeur d'une porte ordinaire.

Enfin, il ne faut jamais affaiblir le bois aux assemblages. L'importance de cette condition, tu la comprendras tout seul : c'est aux points d'assemblage que les bois ont besoin d'être très solides, puisqu'ils tendent naturellement à se désunir, à se séparer; si on l'affaiblit, si

288 HISTOIRE D'UNE FERME.

on diminue son épaisseur à ces endroits-là, on diminue aussi ses moyens de résistance et ses chances de durée.

Maintenant regarde la porte et les détails que je te montrais tout à

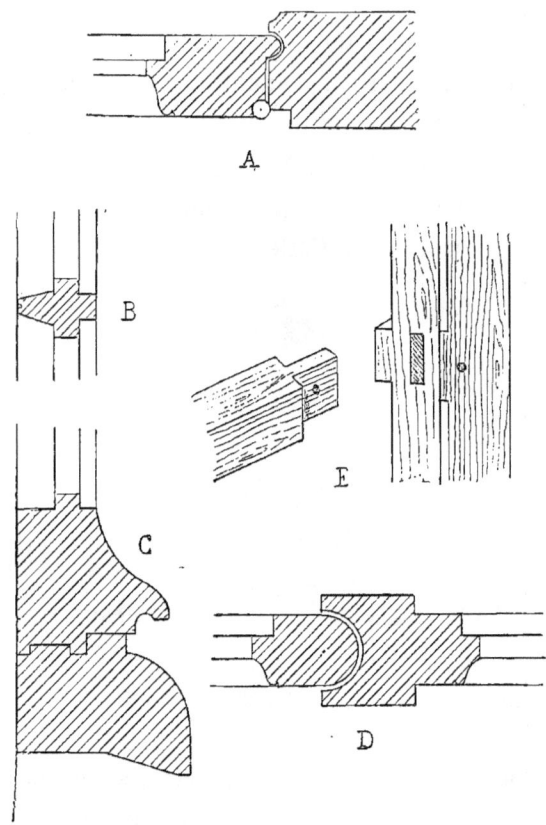

Fig. 145. — Détails de la fenêtre.

l'heure. Tu vois que les assemblages sont à angles droits, qu'elle se compose de trois panneaux de 0$^m$,20, de deux montants intérieurs de 0$^m$,08, de deux montants extérieurs de 0$^m$,10 : en tout 0$^m$,86, ce qui est une grande largeur pour une porte. Remarque aussi que les planches n'ont pas la hauteur totale de la porte, car alors elles se voileraient, se tordraient, et qu'elles sont séparées par des traverses horizontales.

Les portes doivent avoir une hauteur suffisante, pour faciliter l'entrée et la sortie des meubles, assurer une circulation commode et aider à l'aération des pièces.

Quant aux détails (fig. 140), ils te montrent le mode d'assemblage, et tu peux voir que les montants et traverses sont beaucoup plus épais que les panneaux, afin qu'ils aient précisément la force suffisante pour recevoir les assemblages.

Les fenêtres sont établies dans les mêmes conditions et je n'ai, à leur sujet, qu'à t'indiquer les éléments dont elles se composent.

D'abord le châssis fixe (fig. 143), scellé dans les feuillures (fig. 144) de la fenêtre, dans la partie qui avance, qui la retient et l'empêche de tomber à l'extérieur; puis le châssis mobile dont les deux parties se ferment en s'emboîtant l'une sur l'autre *à gueule de loup* (fig. 145 D), le jet d'eau (fig. 145 C), la partie inférieure très en saillie, ce qui lui fait rejeter l'eau tombée sur les vitres; les petits bois au moyen desquels on sépare les vitres (fig. 145 B) puis l'assemblage de ces petits bois (fig. 145 E) et ceux du châssis d'encadrement (fig. 145 A). M'as-tu bien compris ?

— Je crois que oui.

— Eh bien, te voilà bon menuisier, car les principes que je t'ai indiqués pour les portes et fenêtres sont applicables à toutes les menuiseries quelles que soient leur importance et leur nature.

# CHAPITRE XXXI

### LA DERNIÈRE QUESTION DE ROGER.

Les travaux de la ferme touchaient à leur fin ; le jour de l'inauguration avait été fixé et coïncidait avec l'époque des vendanges.

Le château avait ouvert ses portes à de nombreux parents et amis et tout le monde réuni au salon parlait de la ferme neuve, demandait des explications et surtout donnait des avis au propriétaire et à l'architecte.

M. Aubair se serait volontiers retiré, mais il craignait de désobliger ses hôtes et subissait en silence un supplice bien connu des artistes et des hommes d'étude, celui d'entendre parler des ignorants sur les questions qui leur sont étrangères.

Il s'isolait donc un peu, quand il vit Roger s'introduire doucement dans le salon, avec un paquet sous le bras et tenter de s'approcher de lui ; mais son père l'arrêta au passage.

— Que portes-tu là sous le bras ?
— C'est pour M. Aubair.
— Un cadeau que tu veux lui faire ?
— Non. C'est pour lui demander quelque chose.

M. Aubair, entendant prononcer son nom, s'était avancé pendant le colloque du père et du fils.

— Tu as encore une question à me faire, Roger?

— Oui, monsieur, la dernière; je pensais que ce serait pour demain; c'est papa qui m'a arrêté.

— Et c'est la question que tu portes sous ton bras?

— Je viens de l'apporter de la ferme pour l'avoir toute prête.

Tout le monde riait; on entourait Roger, on demandait à voir cette fameuse question.

Lui, toujours simple et naturel, déplia son paquet sans se faire prier et déposa sur la table du salon une serrure avec sa clef.

C'est là la question de Roger! Et les rires redoublèrent.

M. Aubair vint à son secours. Roger voulait connaître le mécanisme d'une serrure et s'adressait naturellement pour cela à quelqu'un pouvant le lui faire comprendre.

— Ce désir est d'autant plus louable, reprit M. de Charly, que, sur vingt personnes que nous sommes ici, il n'y en a peut-être pas une, j'en excepte Aubair et Roger, qui sache de quoi se compose une serrure, comment elle se manœuvre, ou qui, l'ignorant, désire le savoir.

Le silence s'était fait dans le salon.

— Ainsi vous voyez, nous tous, moi le premier, nous tournons dix fois par jour la clef ou le bouton d'une serrure, et pas un de nous ne sait quel mécanisme il met en mouvement. Nous avons l'occasion de l'apprendre, M. Aubair va nous faire une conférence sur la serrure. Je lui donne la parole.

Cette mise en scène sourit médiocrement à M. Aubair; cependant il comprit qu'il devait s'exécuter et il le fit de bonne grâce.

Il prit la serrure des mains de Roger, l'envoya chercher un tournevis et commença son explication.

— Il y a des serrures de toutes sortes et de toutes espèces; celle que nous a apportée Roger est la plus simple; c'est celle qu'on emploie pour les portes des appartements et qu'on appelle vulgairement tour et demi, parce que le pêne, dont je vous parlerai tout à l'heure, parcourt un demi-tour avec le bouton et un tour avec la clef.

La serrure comprend trois parties principales : la boîte, qui contient

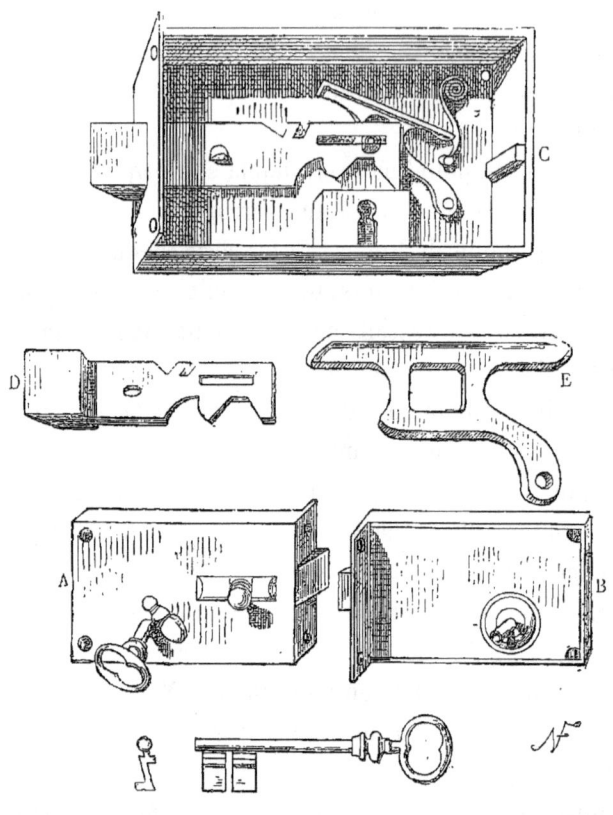

Fig. 146. — La serrure.

le mécanisme, la clef qui le fait mouvoir et la gâche dans laquelle s'introduit le pêne, la pièce importante qui produit la fermeture.

Le mécanisme de la serrure est, je viens de vous le dire, renfermé dans une boîte en fer qui se compose d'un fond appelé *polastre* (fig. 146 A), d'un couvercle appelé *foncet* (fig. 146 B) et de quatre côtés dont l'un plus saillant que les autres, appelé le rebord, est traversé par le pène.

Quatre vis fixent la serrure à la porte, deux sur le corps de la boîte, deux autres dans le rebord.

Quand on enlève le foncet, le couvercle de la boîte, on aperçoit les pièces du mécanisme (fig. 146 C) : d'abord le pène, cette tige métallique terminée en sifflet (fig. 146 D) ; une gorge en cuivre (fig. 146 E) fixée au polastre au moyen d'une vis ; un ressort placé au-dessus de la gorge ; puis, le canon, longue tige perpendiculaire au polastre et fendue dans toute sa longueur, pour donner passage à la clef.

Faisons pénétrer maintenant la clef dans la serrure et voyons comment vont fonctionner toutes ses parties.

La clef est forée, aussi elle entre dans le canon, passe à travers le foncet et arrive dans la boîte. Là elle rencontre le rouet, garniture qui dirige ses mouvements dans un sens ou dans l'autre. Quand on la fait tourner, elle accroche une des barbes, une des encoches du pène, et le fait avancer ou reculer. Si le pène est à moitié sorti de la boîte et engagé dans la gâche, comme je vous le montre, la porte est fermée, et il suffit de tourner la clef de gauche à droite pour qu'elle accroche la barbe du pène, la plus près du rebord, le pène, alors, rentre dans la boîte et la porte est ouverte.

Si, au contraire, le pène, étant toujours engagé dans la gâche, je tourne la clef de droite à gauche, la clef soulève, à la fois, la gorge dont le bord dépasse l'extrémité du pène et le cran d'arrêt fixé à la partie supérieure de la gorge. Ce cran entre dans l'une des entailles du dos du pène et la clef, continuant à tourner, pousse la barbe du pène en arrière, le fait sortir de la boîte et entrer dans la gâche. Le ressort, de son côté, agit sur la gorge et l'empêche de revenir sur elle-même ; le pène reste donc dans la gâche, et la porte est fermée.

Un *murmure approbateur* accueillit les dernières paroles de

M. Aubair ; on prenait la serrure, chacun voulait la voir, l'examiner, nommait, en les estropiant, les pièces dont on venait d'indiquer les noms. M. Aubair dut démonter et remonter la serrure, recommençant ses explications, et, en fin de compte, alla se coucher après avoir fait comprendre à ses auditeurs ce que c'est qu'une serrure et comment elle fonctionne, ce dont, jusqu'à ce jour, tous s'étaient bien peu préoccupés.

# CHAPITRE XXXII

## L'INAUGURATION DE LA FERME-NEUVE.

La ferme est finie, les murs de clôture sont achevés, et la grande porte d'entrée (fig. 147) vient d'être mise en place.

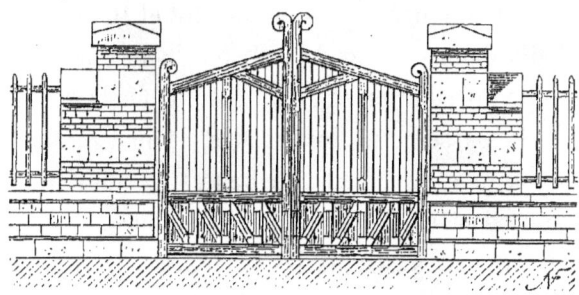

Fig. 147. — La grande porte d'entrée.

Au milieu du champ où se dressaient autrefois de hauts arbres, s'élèvent aujourd'hui des bâtiments variés de forme et de dimensions, couverts en tuiles rouges, séparés les uns des autres par de grands espaces (fig. 148).

Depuis plusieurs jours M. Morlot a commencé son déménagement.

Ses approvisionnements de toutes sortes, ses fourrages ont, aussitôt que possible, pris place dans les nouveaux bâtiments. Les animaux, le matériel agricole, se trouvent à l'endroit qui leur est destiné. Le mobilier personnel du fermier et de ses gens vient d'être apporté et ces bâtiments, naguère encore vides et déserts, ont pris tout à coup vie et mouvement.

Le jour fixé pour l'inauguration solennelle de la ferme est arrivé : M. de Charly et ses hôtes vont venir à cette occasion ; M. Morlot les attend ; chacun est à son poste et prêt à s'acquitter de la tâche qui lui incombe en ce grand jour.

Au château aussi, règne une grande animation, les voitures attelées attendent devant le perron. Bientôt, M. et Mᵐᵉ de Charly y prennent place avec leurs hôtes et le long de la colline on voit les équipages descendre le chemin en lacet qui conduit à la ferme (Fig. 1).

Roger sert de guide.

A la porte se tiennent Jacques, M. Morlot et Justin.

Il faut d'abord passer par la maison du fermier, en voir l'intelligente et adroite distribution ; puis, de là, visiter la grange, les écuries, la porcherie, la basse-cour, les étables, la maison des serviteurs, la laiterie, où Suzon a déjà battu le beurre, le four, chauffé depuis le matin ; enfin, les caves, l'abreuvoir et les cours.

M. Aubair répond à toutes les questions et donne des explications, ce qui ne paraît pas beaucoup lui plaire ; mais la satisfaction d'avoir réussi une œuvre difficile le fait passer sur ce petit ennui.

Quant à Roger, il est rayonnant ; il présente Jacques à tout le monde, raconte l'histoire de la ferme, le rôle de chaque bâtiment, les moyens employés pour sa construction, le temps qu'il a fallu y passer, etc...

Une grande table est dressée dans la grange ; tout le monde y prend place, maîtres et serviteurs. C'est une fête de famille et M. de

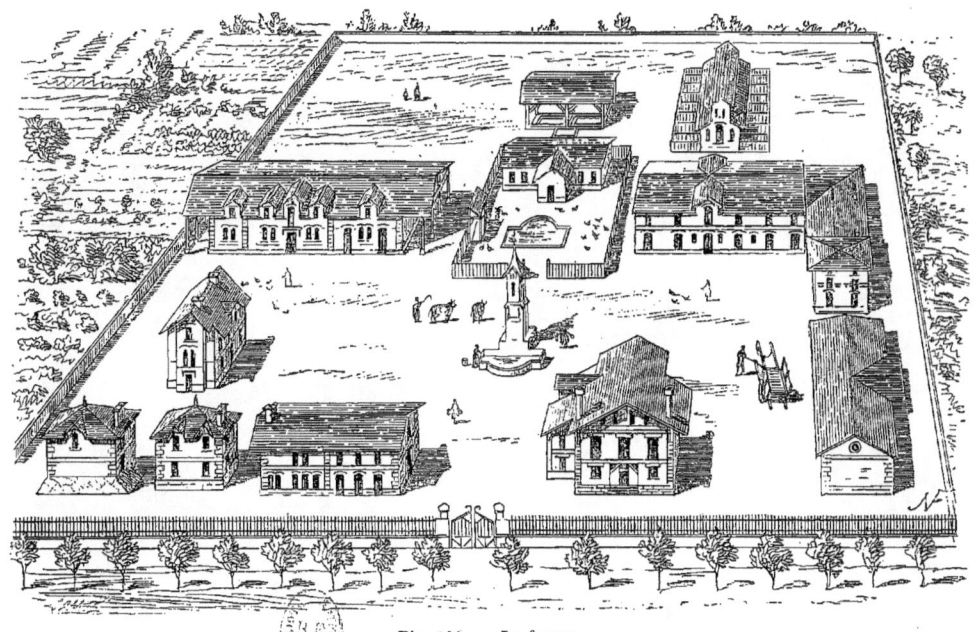

Fig. 184. — La ferme.

Charly n'a voulu en exclure personne. M^me Morlot s'est distinguée et les convives font honneur au festin.

A la nuit, les garçons et les filles du village se réunissent dans la cour de la ferme et y dansent gaiement pendant que l'orphéon de la commune fait entendre ses joyeux flonflons.

Enfin les dernières lumières s'éteignent, les derniers couples disparaissent, la ferme neuve s'endort pour se réveiller le lendemain et prendre sa place dans le grand mouvement de vie et de travail qui s'impose à tout ici-bas.

# CHAPITRE XXXIII

### ÉPILOGUE.

Il nous faut encore, avant de finir, raconter ce que sont devenus les principaux héros de notre histoire. La ferme, d'abord ; puis Roger qui nous a rendu tant de services avec ses incessantes questions, ensuite Jacques qui nous a si bien tirés d'embarras quand nous ne savions comment expliquer la façon dont devaient s'exécuter nos travaux ; enfin M. Aubair, M. de Charly, M. Morlot, etc...

La ferme se conduit bravement ; elle est solide et ne demande, tant sa construction a été soignée, aucun frais d'entretien. Les services y sont commodes, les animaux à leur aise. M. Morlot se loue beaucoup de sa maison, de ses étables et de sa grange.

Jacques a épousé Suzon, la fille aînée de M. Morlot ; c'est un habile entrepreneur, le plus occupé du département de la Nièvre.

M. Aubair s'est attaché à Roger comme à son fils ; il dirige ses études et parle d'acheter une petite propriété voisine du château de M. de Charly, pour se retirer un jour près de lui.

M. et M$^{me}$ de Charly quittent, chaque année, quelque temps le Nivernais, et vont passer les mois d'hiver à Paris près de leur fils.

M. Morlot est resté le fermier actif, intelligent que nous avons vu.

Justin l'aide de son mieux, maintenant ; et les piles d'écus, entassées dans la grande armoire, deviennent chaque jour plus hautes.

Quant à Roger enfin, à notre ami Roger ; il n'a décidément pas été un brillant élève et n'a eu aucun succès en grec et en latin, mais il a appris à réfléchir et à raisonner, il a eu du mal à être reçu bachelier et il étudie l'architecture avec M. Aubair. Il comprend les arts, est travailleur ; tout fait espérer qu'il deviendra un homme distingué. Nous le retrouverons un jour et le suivrons dans ses études et les intéressants voyages que lui a fait faire son maître et ami.

FIN

# TABLE DES FIGURES

1. Le château et ses environs. . . . . . . . . . . . . . . . . . . . . . . . . . . 5
2. Plan de la grange de Cocques. . . . . . . . . . . . . . . . . . . . . . . . . 16
3. Façade de la grange des Cocques. . . . . . . . . . . . . . . . . . . . . . 17
4. Coupe transversale de la grange des Cocques. . . . . . . . . . . . . 18
5. L'escalier en échelle de meunier. . . . . . . . . . . . . . . . . . . . . . 20
6. Détail de la construction d'un plancher. . . . . . . . . . . . . . . . . 21
7. Barbacanes des murs. . . . . . . . . . . . . . . . . . . . . . . . . . . . . 22
8. Portes de la grange des Cocques. . . . . . . . . . . . . . . . . . . . . 23
9. Un cachon et son support. . . . . . . . . . . . . . . . . . . . . . . . . . 26
10. La ferme et le pigeonnier de Clangy. . . . . . . . . . . . . . . . . . 29
11. Intérieur du pigeonnier. . . . . . . . . . . . . . . . . . . . . . . . . . . 31
12. Un pigeonnier en Provence. . . . . . . . . . . . . . . . . . . . . . . . 33
13. Sifflets des pigeons en Chine. . . . . . . . . . . . . . . . . . . . . . . 35
14. Plan de la porcherie. . . . . . . . . . . . . . . . . . . . . . . . . . . . . 38
15. Intérieur de la porcherie. . . . . . . . . . . . . . . . . . . . . . . . . . 39
16. Détail d'une auge de la porcherie. . . . . . . . . . . . . . . . . . . 40
17. Intérieur d'une case de la porcherie. . . . . . . . . . . . . . . . . 41
18. Extérieur de la porcherie. . . . . . . . . . . . . . . . . . . . . . . . . 42
19. Plan de la ferme de Kasan. . . . . . . . . . . . . . . . . . . . . . . . 46
20. La ferme de Kasan. . . . . . . . . . . . . . . . . . . . . . . . . . . . . . 49
21. Intérieur de la grande salle de la ferme de Kasan. . . . . . . . . . . . 53
22. Plan de la ferme (gaard) de Trondjhem . . . . . . . . . . . . . . . . 57
23. La ferme (gaard) de Trondjhem . . . . . . . . . . . . . . . . . . . . 59

## TABLE DES FIGURES.

24. Intérieur de la grande salle de la ferme (gaard) de Trondjhem ...... 64
25. Plan de la maison du fermier (rez-de-chaussée). ............. 74
26. Maison du fermier (intérieur de la grande salle) ........... 75
27. Plan de la maison du fermier (premier étage). ............. 77
28. Maison du fermier (façade sur le chemin). ................ 78
29. Maison du fermier (intérieur de la chambre à coucher). ......... 79
30. Maison du fermier (façade sur la cour). ................ 81
31. Château d'eau. ................................. 84
32. Plan de l'abreuvoir. ............................. 85
33. Plan de la ferme de Vauhagen (Hollande). ............... 88
34. La ferme de Vauhagen (Hollande). ................... 89
35. Intérieur d'une chambre à coucher (ferme de Vauhagen Hollande). .... 91
36. Intérieur d'une maison de paysans bretons. ............... 93
37. Un moulin à vent en Hollande. ...................... 95
38. Plan de la ferme d'Arlon (Belgique). .................. 98
39. Ferme d'Arlon (Belgique). ......................... 99
40. Plan de la ferme de Spiersfield (Angleterre). ............. 102
41. La ferme de Spiersfield (Angleterre). ................. 103
42. Porte d'étable. ............................... 119
43. Etable (coupe transversale). ....................... 120
44. Détail d'un cornalis. ........................... 121
45. Plan de l'étable de Champvoux. ..................... 123
46. Intérieur de la bergerie. ......................... 125
47. Râtelier circulaire. ............................ 126
48. Râtelier double. .............................. 126
49. Râtelier à hauteur variable. ....................... 127
50. L'étable de Champvoux. .......................... 128
51-52. Hutte et coiffure des Annamites. .................. 132
53-54. Tiare et mosquée d'un sultan de Java. .............. 132
55-56. Turban et coupole des Orientaux. ................. 133
57-58. Flèche d'église et coiffure des châtelaines du moyen âge. ...... 134
59. Clôture de la basse-cour. ......................... 137
60. Plan de la basse-cour. .......................... 138
61. Basse-cour. ................................. 139
62. Juchoir. ................................... 143
63. Transport du raisin. ............................ 148
64. Intérieur d'un « cuvier ». ........................ 149
65. Plan du pressoir. ............................. 151
66. Intérieur de la cave. ........................... 152
67. Les scieurs de long. ............................ 157
68-69-70-71. Divers modes de débiter les bois. ............. 159

| | |
|---|---|
| 72. Divers outils du charpentier. | 160 |
| 73. Tenon et mortaise. | 161 |
| 74. Le vieux château. | 165 |
| 75. Plan des écuries et des remises. | 172 |
| 76. Les stalles des écuries. | 173 |
| 77. Les écuries et remises. | 174 |
| 78. Coupe du four. | 178 |
| 79. Intérieur du fournil. | 179 |
| 80. Plan du four et de la buanderie. | 180 |
| 81. Le lavoir. | 181 |
| 82. La laiterie. | 183 |
| 83. Plan de la laiterie. | 183 |
| 84. Intérieur de la laiterie. | 184 |
| 85. Grange en ruines. | 189 |
| 86. Chaînes des murs. | 190 |
| 87. Agrafes des chaînes. | 191 |
| 88. Ancre des chaînes. | 191 |
| 89. Ferme bien disposée. | 193 |
| 90. Ferme vicieuse. | 194 |
| 91. La maison du père Jean. | 195 |
| 92. Plan de la maison du père Jean. | 196 |
| 93. L'intérieur de la maison du père Jean. | 197 |
| 94. Plan général de la ferme neuve. | 201 |
| 95. Tracé des fondations. | 211 |
| 96. Étrésillonnement des fouilles. | 212 |
| 97. Sonnette. | 213 |
| 98. Maçonnerie sur pilotis. | 214 |
| 99. Fabrication du mortier et du béton. | 217 |
| 100. Le monte-charge. | 223 |
| 101. La chèvre. | 224 |
| 102. Le binard. | 225 |
| 103. Les gâcheurs de ciment. | 227 |
| 104. Les échafaudages. | 229 |
| 105. Les outils du maçon, du plâtrier, du tailleur de pierres. | 233 |
| 106. Les outils du maçon et du plâtrier. | 225 |
| 107. Les outils du terrassier et du manœuvre. | 237 |
| 108. M. Aubair et Jaques. | 241 |
| 109. Appareil en besace angle d'un mur. | 242 |
| 110. Appareil en besace chaîne d'un mur. | 242 |
| 111. Appareil par évidement. | 243 |
| 112. L'arc d'une voûte. | 245 |

113. Construction d'une voûte . . . . . . . . . . . . . . . . . . . . 246
114. Le tas. . . . . . . . . . . . . . . . . . . . . . . . . . . . . . . . . 247
115. Les conduits de fumée. . . . . . . . . . . . . . . . . . . . . . 250
116. Pierre taillée entre quatre ciselures. . . . . . . . . . . . . . . 251
117. Plan du rez-de-chaussée du bâtiment des domestiques. . . . . . . . . 251
118. Plan du premier étage du bâtiment des domestiques. . . . . . . . . . 252
119. Bâtiment des domestiques. . . . . . . . . . . . . . . . . . . 252
120. Plan des fosses à fumier. . . . . . . . . . . . . . . . . . . . 253
121. Coupe des fosses à fumier. . . . . . . . . . . . . . . . . . . 254
122. Mur en briques de $0^m,22$. . . . . . . . . . . . . . . . . . 257
123. Mur en briques de $0^m,33$. . . . . . . . . . . . . . . . . . 258
124. Mur en briques de $0^m,44$. . . . . . . . . . . . . . . . . . 258
125. Exemple d'imbrications. . . . . . . . . . . . . . . . . . . . 259
126. Exemple d'imbrications. . . . . . . . . . . . . . . . . . . . 259
127. Exemple d'imbrications . . . . . . . . . . . . . . . . . . . . 260
128. Fenêtre avec linteau en bois. . . . . . . . . . . . . . . . . . 263
129. Fenêtre cintrée . . . . . . . . . . . . . . . . . . . . . . . . . 263
130. Fenêtre avec linteau en pierre et arc de décharge. . . . . . . . . . . 264
131. L'appui d'une fenêtre. . . . . . . . . . . . . . . . . . . . . 265
132. Vue générale du chantier. . . . . . . . . . . . . . . . . . . 267
133. Couverture. . . . . . . . . . . . . . . . . . . . . . . . . . . 271
134. Chéneau, modèle rejeté. . . . . . . . . . . . . . . . . . . . 274
135. Chéneau, modèle approuvé . . . . . . . . . . . . . . . . . . 275
136. Gouttière. . . . . . . . . . . . . . . . . . . . . . . . . . . . 276
137. Collier à charnières. . . . . . . . . . . . . . . . . . . . . . 277
138. Descente des eaux. . . . . . . . . . . . . . . . . . . . . . . 277
139. L'escalier. . . . . . . . . . . . . . . . . . . . . . . . . . . . 280
140. Détails de la porte. . . . . . . . . . . . . . . . . . . . . . . 283
141. La porte . . . . . . . . . . . . . . . . . . . . . . . . . . . . 284
142. Assemblages . . . . . . . . . . . . . . . . . . . . . . . . . . 285
143. La fenêtre . . . . . . . . . . . . . . . . . . . . . . . . . . . 286
144. Feuillure. . . . . . . . . . . . . . . . . . . . . . . . . . . . 287
145. Détails de la fenêtre . . . . . . . . . . . . . . . . . . . . . 288
146. La serrure. . . . . . . . . . . . . . . . . . . . . . . . . . . 292
147. La grande porte d'entrée . . . . . . . . . . . . . . . . . . . 295
148. La ferme. . . . . . . . . . . . . . . . . . . . . . . . . . . . 297

FIN DE LA TABLE DES FIGURES.

# TABLE DES CHAPITRES

CHAPITRE  I<sup>er</sup>. Les conséquences d'une rencontre. . . . . . . . . . . . . .  1
— II. La grange des Cocques. . . . . . . . . . . . . . . . .  14
— III. Du profit que retirèrent M. Aubair et Roger de s'être mis à l'abri pendant un orage. . . . . . . . . . . . . . . . . . . . . .  25
— IV. Suite du chapitre précédent. . . . . . . . . . . . . . .  37
— V. Une ferme en Russie. . . . . . . . . . . . . . . . . . .  45
— VI. Une ferme en Norwège. . . . . . . . . . . . . . . . .  56
— VII. De quels bâtiments devra se composer la ferme neuve. Apparition de M. Morlot. . . . . . . . . . . . . . . . . . . . .  66
— VIII. M. Morlot indique comment il voudrait que fût disposée sa maison. . . . . . . . . . . . . . . . . . . . . . . . . . .  72
— IX. L'emplacement de la ferme neuve. . . . . . . . . . . . .  83
— X. Une excursion en Hollande et en Belgique. . . . . . . . . .  87
— XI. Les débuts de Roger comme élève architecte. . . . . . . .  107
— XII. L'étable de Champvoux. . . . . . . . . . . . . . . . .  116
— XIII. Du rapport qui existe entre la coiffure des hommes et la couverture de leurs habitations. . . . . . . . . . . . . . . . .  130
— XIV. La basse-cour de M<sup>me</sup> Morlot. . . . . . . . . . . . . . .  136
— XV. Les vendanges. . . . . . . . . . . . . . . . . . . . .  145
— XVI. Dans lequel Roger apprend à connaître l'âge des arbres. . . .  154
— XVII. Les anciennes compagnies d'ouvriers. . . . . . . . . . .  162
— XVIII. Les écuries du château et les écuries de la ferme. . . . . . .  170
— XIX. Où Roger apprend à raisonner et à construire un four. . . . .  177

## TABLE DES CHAPITRES.

| Chapitre | | |
|---|---|---|
| — | XX. Des inconvénients d'une charpente mal établie. | 186 |
| — | XXI. Un chef d'atelier. | 200 |
| — | XXII. Le tracé des bâtiments. — Les fondations. | 209 |
| — | XXIII. Un jour de sortie de Roger. | 220 |
| — | XXIV. Roger apprend le nom, la forme et l'usage des outils employés par les terrassiers, maçons et tailleurs de pierre. | 231 |
| — | XXV. Beau printemps, te voilà revenu. | 249 |
| — | XXVI. Où Roger découvre le rapport qui existe entre la brique et le jeu de dominos. | 256 |
| — | XXVII. Les fenêtres. | 262 |
| — | XXVIII. Les vacances de Roger et la couverture des bâtiments de la ferme. | 270 |
| — | XXIX. L'escalier. | 279 |
| — | XXX. La menuiserie. — Les portes et les fenêtres. | 282 |
| — | XXXI. La dernière question de Roger. | 290 |
| — | XXXII. L'inauguration de la ferme neuve. | 295 |
| — | XXXIII. Épilogue. | 300 |

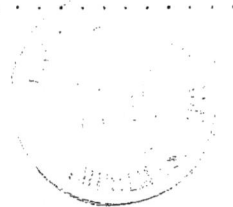

FIN DE LA TABLE DES CHAPITRES.

3226 81. Corbeil. — Typ. et Stér. Crété.

www.ingramcontent.com/pod-product-compliance
Lightning Source LLC
Chambersburg PA
CBHW071253160426
43196CB00009B/1267